Thomas Meyer

Der 11. September, das Böse und die Wahrheit

Thomas Meyer

Der 11. September, das Böse und die Wahrheit

Fakten, Fragen, Perspektiven

Mit einer Timeline um den 11.9.2001
von José García Morales

PERSEUS VERLAG BASEL

Die «Europäer-Schriftenreihe» wurde begründet durch
Andreas Bracher, Thomas Meyer und Christoph Podak

Band 11

Cover: New York 2001/Pearl Harbor 1941 (Bildmontage)
Rückseite: Die Heilige Lanze (des Longinus)

CIP-Kurztitelaufnahme der Deutschen Bibliothek
Meyer, Thomas:
Der 11. September, das Böse und die Wahrheit.
Fakten, Fragen, Perspektiven
Thomas Meyer. –
Europäer-Schriftenreihe, Band 11
Basel: Perseus Verlag 2004
ISBN 3-907564-39-1

1. Auflage September 2004

Korrektorat: Urs Meyer-Hala, Jávea

Druck: fgb · freiburger graphische betriebe

Inhalt

Zur Einführung

Unerledigte Fakten

Das vorliegende Buch enthält eine Reihe von Betrachtungen zu den Verbrechen des 11. September 2001. Diese Verbrechen sind bis zum heutigen Tage von der US-Administration nicht in rückhaltloser Weise aufgeklärt worden. Die Administration und jene Teile der nationalen und internationalen Medien, die ihr – aus welchen Gründen auch immer – mehr oder weniger hörig sind, beschränkten sich im Wesentlichen auf die bis zum Überdruss wiederholte Darstellung der offiziellen «Verschwörungstheorie»: Die Attentate seien erstens für jedermann eine *Überraschung* gewesen und zweitens auf die Aktivitäten von Islamisten zurückzuführen, deren Aktionszentrum *«Al-Qaida»* heißt. Diese Verschwörungstheorie ist inzwischen durch eine Reihe von nichtamtlichen Untersuchungen erschüttert, wo nicht zerstört worden.

An Stelle der demontierten offiziellen Ur-Verschwörungstheorie sind Fragen zurückgeblieben, die auch heute noch ungeklärt sind:

- Wo sind die Original-Passagierlisten der verschollenen Passagiere und «Hijacker»?
- Wo sind die Belege einer Identifizierung der (angeblichen) Insassen der vier Zivilmaschinen?
- Wo sind die Black Boxes der vier Maschinen?
- Wo sind die Aufzeichnungen der Flugsicherung über die vier Flugrouten?
- Was enthalten die Aufzeichnungen der Überwachungskameras des Pentagons und des gegenüberliegenden Sheraton-Hotels, dessen Videobänder beschlagnahmt wurden?
- Usw. Usw.

Gerhard Wisnewski hat diese und weitere Fragen und Ungereimtheiten in seinem neuen Buch *Mythos 9/11. Der Wahrheit auf der Spur* prägnant zusammengefasst. Auf eine Anzahl eklatanter Ungereimtheiten wird auch in der Timeline von José García Morales auf Seite 93ff. dieses Buches aufmerksam gemacht.

Die folgenden Betrachtungen wollen und können keine erschöpfende Antwort auf solche noch ungelösten Fragen geben. Sie machen zunächst auf lange vor dem 11. September zu Tage getretene Erscheinungen aufmerksam, die eine Atmosphäre der Akzeptanz gegenüber den offiziellen Erklärungen über die Attentate schufen: so vor allem auf einen Leitartikel mit Weltkarte aus dem Wirtschaftsmagazin *The Economist* sowie auf bekanntere und weniger bekannte Ideen von Samuel Huntington und Zbigniew Brzezinski (S. 22f.).

Dann wird G.W. Bushs bizarre Kinderliebe in der Stunde der Katastrophe näher ins Auge gefasst (S. 27).

Pearl Harbor als Schlüssel zu den Anschlägen vom 11. September

Ganz besondere Beachtung wird ferner dem *schon am Tage der Attentate* vom US-Präsidenten und anderen, regierungsnahen Persönlichkeiten mit apokalyptischem Pathos in die Welt posaunten Vergleich der Ereignisse des 11. September mit denen von Pearl Harbor geschenkt. Der Überfall der Japaner am frühen Morgen des 7. Dezember 1941 wurde in den Massenmedien als der große Präzedenzfall der amerikanischen, ja der Weltgeschichte hingestellt. Aber der Mythos vom heimtückischen japanischen «Überfall» ist längst widerlegt und die Attacke in unendlich vielen Einzelheiten wie in ihrem wirklichen Gesamtcharakter dargestellt worden. Die Administration vertraute jedoch darauf, dass der Pearl-Harbor-*Mythos* mittlerweile weltweit derart unverrückbar in den Bewusstseinen installiert sei, dass sie glaubte, die ersten «Überraschungs»-Erklärungen über den 11. September ausgerechnet auf Pearl Harbor gründen zu können. Sie verhöhnte damit vom allerersten Tag ihrer «Untersuchungen» an nicht nur die Wahrheit, sondern auch im Nachhinein die jeweils etwa 2500 Opfer[1] beider Katastrophen.

Schon eine im Oktober 2001 unternommene und im darauffolgenden Monat erstmals im *Europäer* veröffentlichte Analyse dieses Vergleichs (S. 34ff.) zeigte den zugleich verlogenen und zynischen

Charakter desselben auf. Verlogen, insofern er den Pearl-Harbor-*Mythos* erneut zur emotionalen Wirksamkeit brachte und ganz Amerika und einen großen Teil der übrigen Welt in eine ferngesteuerte Empörung trieb; zynisch in Bezug auf die Kenner der *Wahrheit* um Pearl Harbor (und die gibt es auch in Amerika!) – Hauptsache, bei der Masse wirkt der *Mythos*, an den sie auch ein paar Monate vor den Anschlägen mit einem kitschigen Hollywoodstreifen erneut erinnert wurde. Den Kennern (und das heißt den tatsachengemäß Informierten) aber gab der offizielle Vergleich *den eigentlichen Schlüssel zur Beurteilung der Attentate von 2001 in die Hand.* Wer diesen Schlüssel ergreift, dem kann gerade dieser Vergleich zum Ausgangspunkt für die kritische Beleuchtung sämtlicher nachfolgender offizieller Äußerungen über den 11. September dienen. Es wird ihm dann zum Beispiel im Hinblick auf die Arbeit der offiziellen Untersuchungskommission auffallen, wie der Pearl-Harbor-*Mythos* für diese Arbeit von vornherein eine geradezu grundlegende Rolle spielte (siehe S.60). Es wird ihm ferner auffallen, dass die Eingeständnisse in Bezug auf das «Versagen» der Dienste jenen, die die Roberts Commission, die offizielle Untersuchungskommission zu Pearl Harbor, geltend zu machen suchte, nachgestrickt sind. (Angesichts des sofort zu untersuchenden und mittlerweile zugegebenen ähnlichen «Versagens» beim 11. September war die fröhliche Party, die George W. Bush mit George Tenet und seinen Angestellten nur zwei Wochen nach den Anschlägen im CIA-Hauptquartier feierte, allerdings ein höchst sonderbares, wohldokumentiertes, aber merkwürdigerweise von der kritischen Literatur zu den Anschlägen meines Wissens bisher völlig übersehenes oder übergangenes Ereignis; siehe S. 24f. und 49f.)

Im Hinblick auf alle nachfolgenden Ungereimtheiten oder Unwahrheiten in der offiziellen Version kann deshalb die Art und Weise, wie die Administration selbst (und nicht irgendwelche «Verschwörungstheoretiker») Pearl Harbor als historischen «Parallelfall» ins Spiel brachte, als explikatorische *Ur-Verlogenheit* aller nachfolgenden offiziellen Erklärungen zum 11. September betrachtet werden.

Der Abschlussbericht der offiziellen Untersuchungskommission – eine Establishment-Farce

Am 22. Juli wurde der 567 Seiten starke Abschlussbericht der offiziellen US-Untersuchungskommission veröffentlicht.[2] Der Schlussbericht zementiert die von vornherein feststehende Grundvoraussetzung sämtlicher von ihm dargestellten «Untersuchungen»: dass es sich um eine Überraschung und die Täterschaft von Al-Qaida gehandelt habe. Bereits im ersten Public Hearing vom 31. März 2003 hatte Kommissionsmitglied Timothy Roemer die Thesen des «hervorragenden» Buches *Pearl Harbor – Warning and Decision* von Roberta Wohlstetter angeführt, ein Buch, für das Donald Rumsfeld schon vor seinem Amtsantritt eifrig Reklame betrieb (siehe S. 60). Roemer zitierte aus dessen Vorwort u.a. folgende Worte: «Eine bemerkenswert gut informierte Regierung hat es einfach versäumt, in einer Krise des Kalten Krieges den nächsten Schritt des Feindes vorherzusehen.» Und er hatte sogleich die Anwendung auf die Septemberanschläge hinzugefügt: «Heute könnten dieselben Worte verwendet werden. Nur dass es sich nicht um eine Krise des Kalten Krieges und auch nicht um die Japaner handelte, sondern um Al-Qaida.»[3]

Der «falsche» Vergleich mit Pearl Harbor war außer durch Roemer auch durch den Kommissionsvorsitzenden Thomas Kean und Kommissionsmitglied Richard Ben-Veniste ins Spiel gebracht worden.

Der von Bush selbst ernannte Kean hatte allerdings vor übertriebenen Erwartungen an das Resultat der Untersuchung von Anfang an gewarnt. Er sah die September-Kommission in der Nachfolge der Roberts- und der Warren-Kommission, die Pearl Harbor und den Mord an JFK aufzuklären vorgegeben hatten. Kean hatte sich bereits im Voraus die Hände in Unschuld gewaschen, als er sagte: «Keine von ihnen befriedigte die Hoffnungen, die in sie gesetzt wurden.»[3] Weshalb ein derartig gravierender Vorbehalt, bevor die Untersuchung überhaupt begann?

Im Kapitel 11 des Schlussberichts («Rückblick und Vorblick») soll nun, wie vorauszusehen war, die willkürliche Grundthese der Arbeit der Kommission endgültig zementiert werden. Die Kommission nimmt erneut zur Autorität Wohlstetters Zuflucht, die gesagt hatte: «*Nach* dem Ereignis ist es natürlich immer sonnenklar, was ein Signal bedeutete. Wir sehen jetzt, was für eine Katastrophe es ankündigte, weil die Katastrophe eingetreten ist. Aber vor dem Ereignis ist das Signal meist unverständlich und mehrdeutig.»[2]

So wird das mehrschichtige Verbrechen vom September 2001 am Schluss des Berichts erneut in die falsche Perspektive des früheren «Überraschungsangriffs» gerückt.

Inzwischen haben allerdings unabhängige Rechercheure nicht nur akribische Einzeluntersuchungen im Internet und auf inoffiziellen 9-11-Konferenzen bekannt gemacht; auch das Bewusstsein über den wahren Charakter des «Überraschungsangriffes» auf Pearl Harbor ist gewachsen, nicht zuletzt dank des im Jahre 2000 erschienenen Buches *Day of Deceit* von Robert Stinnett (siehe S. 36f.). Die administrationstreuen Kommissionsmitglieder sind diesbezüglich vielleicht etwas vorsichtiger geworden. So sagte Kean anlässlich der Vorstellung des Berichts am 22. Juli 2004 vor einer Schar von Journalisten in Washington: «Manche von uns haben den Schock, den wir erfuhren, mit Pearl Harbor, andere mit der Ermordung Kennedys verglichen. *Doch hier gibt es keine Vergleiche.* Dies war in unserer langen Geschichte ein einzigartiger und harter Augenblick.»[4] Nun scheint man den selbst herbeigeholten Vergleich, der von mehr und mehr Menschen in ganz anderem Sinne ausgelegt zu werden beginnt als im Sinne von Wohlstetter, Rumsfeld, Bush & Co, allmählich etwas zu fürchten. Mit gutem Grund: Pearl Harbor *ist* in vieler Hinsicht der wahre Präzedenzfall zum 11. September 2001.

Aus der auserlesenen Schar von Journalisten, denen der (kurz zuvor schon im Internet zu findende) Bericht durch die 10-köpfige Kommission erstmals präsentiert wurde, verlautete eine einzige kritische Frage: warum die Geschäftsverbindungen der Bushs mit der Familie Bin Ladens, auf die auch Michael Moore in seinem Film *Fahrenheit 9/11* hinweise, nicht untersucht worden seien. Keans Antwort: Er habe den Film von «Mr. Moore» nicht gesehen und wisse also nicht, was seine Beschuldigungen genau beinhalten.

Von den vielen essentiellen, vom Bericht nicht einmal gestreiften Tatsachen greife ich nur eine einzige heraus: die von Larry Silverstein, dem Pächter der beiden WTC-Türme, am 9. Oktober 2002 auf PBS, einem privaten Fernsehunternehmen, abgegebene Äußerung, das Gebäude Nr. 7, das um 17.20 Uhr zusammensackte, obwohl es durch kein Flugzeug getroffen worden war und nur geringfügige Feuer im Innern ausgebrochen waren, sei *«abgerissen»* worden. Es sei mit dem Leiter der Feuerwehrbehörde beschlossen worden, es «abzureißen, und wir schauten zu, wie das [WTC-7-]Gebäude in sichzusammensank»[5] (www.911independentcommission.org/giuliani31804.html). In ganz ähnlicher, auf eine professionelle Sprengung deutender Weise sind auch die beiden Türme in sich zusammengesunken und buchstäblich zu Staub pulverisiert worden.

Der Bericht enthält sich jeglicher konkreter Schuldzuweisungen und schiebt, gemäß seiner a priori feststehenden Marschroute, alles auf ein kompliziertes Gefüge von Einzelpannen und mangelnder Kooperation zwischen CIA, FBI und Administration.

Umso mehr macht er der Regierung Empfehlungen für die Zukunft.

Ein die Arbeit aller Geheimdienste koordinierender Anti-Terror-«Zar» (sic!) solle ernannt werden, dessen Budget dafür sorgen soll, dass die CIA und andere Dienste «die richtigen Leute anstellen» können (Kean).

Von besonderem Gewicht ist, dass sowohl Thomas Kean wie Lee Hamilton vor den Journalisten mehrfach davon sprachen, dass sich ein ähnlicher Anschlag wiederholen werde. Und wenn im Gegensatz zu früheren Behauptungen zugegeben wurde, dass es keine Verbindung zwischen Al-Qaida und dem Irak gegeben habe, aber, wie nun behauptet wird, vermutlich solche mit dem *Iran* bestehen, so lässt das Schlimmes befürchten.

Die wirkliche Funktion des offiziellen Schlussberichtes ist also: *dem eigenen Volk und der ganzen Welt die Mythen von der Überraschung und der Täterschaft von Al-Qaida endgültig einzuhämmern* und, was vielleicht noch wichtiger ist, *die Stimmung der Erwartung weiterer Anschläge zu verbreiten*, denen die Regierung mit erhöhtem Budget und schärferen Mitteln entgegentreten müsse.

Kein Wunder, dass G.W. Bush in einem theatralischen Kurzauftritt vor dem Weißen Haus den Bericht aus den Händen Keans und Lee Hamiltons (Vizepräsident der Kommission) mit voller Befriedigung entgegennahm und der Kommission für ihre «wirklich gute Arbeit» dankte.

Der ehemalige CIA-Analytiker Ray McGovern bezeichnete am 22. Juli 2004 gegenüber *BBC-World* die Tatsache, dass kein Einzelner zur Rechenschaft gezogen wurde, als Verhöhnung der Opfer der Anschläge. Er verglich den Bericht mit den britischen *Hutton*- und *Butler*-Berichten, die Blair weißzuwaschen hatten, und sprach von einer «Establishment-Arbeit». Eine Hand wäscht die andere.

Vom Wahrheitsgesichtspunkt aus betrachtet war der US-Bericht schon Makulatur, bevor auch nur eine einzige Zeile von ihm vorlag.

Als Symptom einer Ankündigung noch schlimmerer Entwicklungen für die Innen- und Außenpolitik der USA muss er allerdings sehr ernst genommen werden.

Die Notwendigkeit großer Gesichtspunkte

Der 11. September 2001 ist ein Ereignis von weltgeschichtlicher Dimension. Er ist dem 28. Juni 1914 vergleichbar. Dieses Attentat führte bekanntlich zur «Urkatastrophe des 20. Jahrhunderts». In ähnlicher Weise hat der 11. September die «Urkatastrophe» des 21. Jahrhunderts heraufbeschworen, die nun bereits seit drei Jahren wütet.

Eine Analyse, ja eine akribische wahrheitsgetreue Anatomie dieses Ereignisses ist daher ebenso notwendig, wie sie es für den Ausgangspunkt des Ersten Weltkrieges ist. Dazu scheint mir zweierlei erforderlich zu sein:

Erstens müssen noch zahlreiche Detailforschungen geleistet werden, um die von Gerhard Wisnewski und anderen konstatierten offenen Fragen zu lösen oder um aufzuzeigen, wer wo und mit welchen Mitteln ihre Lösung erschwert oder gar verhindert.

Zweitens sollte – damit man sich im Wald von Einzelfragen nicht zu verirren braucht – die jeweilige Ergebnislage immer wieder von großen Gesichtspunkten aus beleuchtet werden, wie sie etwa aus der Philosophie von G.W.F. Hegel oder aus der Geisteswissenschaft R. Steiners gewonnen werden können (vgl. S. 77ff.). Solche Gesichtspunkte sind[6]:

- Alles natürliche Werden in der Welt vollzieht sich in Gegensätzen und ihrer jeweiligen Synthetisierung (Verbindung). Man denke nur an die Gegensätze von Tag und Nacht, Kälte und Wärme, Leben und Tod; ferner an die Gegensätze zwischen den Geschlechtern, den verschiedenen menschlichen Rassen, Völker, Nationen oder «Zivilisationen». Auf dem Feld der menschlichen Erkenntnis wäre an erster Stelle der Gegensatz zwischen Wahrnehmung und Begriff und dann der zwischen Täuschung und Wirklichkeit zu nennen.

- Der Mensch findet diese Gegensätze vor, als Grundlage seiner eigenen Entwicklung. Seine Aufgabe ist *nicht das Schaffen von neuen Gegensätzen* oder Konflikten, sondern *das Überwinden der bereits vorhandenen*, vor allem jener geschlechtlicher, nationaler, religiöser, kultureller oder erkenntnismäßiger Art.[7] Wer die höhere Einheit von Gegensätzen dieser Art anstrebt, handelt im Sinne der Menschheitsentwicklung. Wer solche Gegensätze zu verfestigen und zu perpetuieren sucht oder gar neue künstlich erzeugt, handelt dieser Entwicklung zuwider.

In dem Gesagten liegt ein Maßstab zur Unterscheidung zwischen wahrhaft menschenwürdigen Bestrebungen und solchen, die gewissen Einzel- oder Gruppenegoismen dienen. Zur letzteren Art gehören das nationalsozialistische und das bolschewistische System, nicht weniger aber auch das anglo-amerikanische System, welches jene nicht nur zum Teil gefördert, sondern auch überlebt hat und das nun im Begriff ist, den ganzen Planeten zu bedrohen.

Ein Blick auf «Skull & Bones»

Gewisse britisch-amerikanische Clubs wie der inzwischen bekannt gewordene Yaleclub «Skull & Bones» können durch die von ihnen angestrebte Benützung bestehender oder die Schaffung von neuen Gegensätzen oder Konflikten am besten gekennzeichnet werden, wie dies schon Anthony Sutton vor über zwanzig Jahren erstmals unternommen hat. Dabei wird diesen Bestrebungen oftmals der Anschein verliehen, man würde Gegensätze schlichten, während sie in Wirklichkeit gesteigert und daraufhin maximal ausgebeutet werden sollen.

Man werfe einen Blick auf die mit Hilfe der britisch-amerikanischen Diplomatie unternommenen Friedensvermittlungen in den letzten hundert Jahren. Warum sind fast alle von ihnen gescheitert? Weil es in Wirklichkeit fast immer darum ging, durch Ausnützung (und Steigerung) von Gegensätzen *Macht* zu gewinnen. Auch der enorme Machtzuwachs des US-Systems in den letzten Jahren beruht auf der Ausnützung von Konflikten, die zuvor gesteigert, wenn nicht sogar gänzlich neu geschaffen wurden. Erst wurden die Gespenster vom «Kampf der Kulturen» und eines die «westlichen Werte» bedrohenden kommenden «Islamistan» um den Globus geschickt. Dann konnte nach «islamistischen» Terroranschlägen dazu übergegangen werden, die *Ernte der Macht* einzuholen, von Afghanistan über den Irak bis nach Palästina.

Es ist entscheidend für den weiteren Verlauf des 21. Jahrhunderts, ob mehr und mehr Menschen sich einen klaren Blick für die zweierlei Arten, mit Gegensätzen umzugehen, aneignen oder nicht.

Wer glaubt, es gehe seit dem 11. September 2001 um einen «Krieg gegen den Terror», lässt sich vom Schein täuschen. Denn in Wirklichkeit geht es um die Erhaltung und Globalisierung der Herrschaft der USA, der «einzigen wahrhaft globalen Supermacht» (Brzezinski). In diesem, von einer britisch-amerikanischen Elite besonders mit wirtschaftlichen Mitteln (Finanz- und Rohstoffmärkte) geführten Kampf spielen US-Präsidenten und ihre Administrationen nur die Rolle von Marionetten und Statisten. Wie wenig es auf einer bestimmten Ebene auf die hochgespielten «Gegensätze» zwischen Präsidenten ankommt, zeigt die schlichte Tatsache, dass sowohl der gegenwärtige US-Präsident wie dessen Herausforderer Kerry dem gleichen Skull-&-Bones-Club angehören. Zur Technik der Macht gehört es also *auch*, Gegensätze *vorzutäuschen*, wo in Wirklichkeit gar keine bestehen.

Es ist damit zu rechnen, dass vonseiten der nach Macht strebenden Gruppierungen nach so viel «erfolgreicher» Täuschung im 20. Jahrhundert danach gestrebt wird, das «Prinzip Täuschung» im 21. Jahrhundert in noch viel radikalerer Weise zur Anwendung zu bringen als bisher.

Denkverbot oder individuelle Urteilsbildung?

Dazu gehört auch das Bestreben, das Denken der Menschheit weltweit in den Griff zu bekommen. Gerade in der Diskussion um den 11. September 2001 kann dies klar beobachtet werden. Das übelste Mittel, das gegen alle Menschen, welche die offizielle Version in Frage stellen, bisher ins Feld geführt wurde, ist die versuchte Gleichsetzung von Kritikern des 11.-September-Mythos mit Holocaust-Leugnern. So geschehen in einem *Arte*-Themenabend vom 13. April 2004, welcher die unsachlichen *Spiegel*-Artikel vom 8. September und 27. Oktober 2003 aufgriff und in Bezug auf deren Diffamierungscharakter noch überbot. Eine Sendung dieses TV-Abends hieß: «Der 11. September fand nicht statt.» Um die mit diesem Titel suggerierte Gleichsetzung entsprechend zu würdigen, muss man sich vergegenwärtigen, dass die natürlich absurde Leugnung des Holocaust in Deutschland ein *strafbares* Delikt darstellt.

Gerhard Wisnewski kommentiert dazu: «Gelänge die Gleichsetzung von ‹9/11-Skeptikern› und ‹Holocaust-Leugnern›, könnte man über kurz oder lang auch auf ein Verbot jedweder kritischen Äußerung zu den Attentaten des 11.9. hinwirken. Noch besser wäre natürlich eine Gleichsetzung von ‹Holocaust-Leugnern› mit ‹Verschwörungstheoretikern›, denn dann wäre in Zukunft das öffentliche Nachdenken über jedwede Hintergründe von irgendetwas untersagt.»[8] Wisnewski spricht in solchem Zusammenhang von «Denkverboten».

Auf das Herannahen einer solchen Gefahr ist in Mitteleuropa bereits vor bald neunzig Jahren, mitten im Ersten Weltkrieg, einmal eindringlich hingewiesen worden: «Es wird gar nicht lange dauern, wenn man das Jahr 2000 geschrieben haben wird, da wird nicht ein direktes, aber eine Art von Verbot für alles Denken von Amerika ausgehen, ein Gesetz, welches den Zweck haben wird, alles individuelle Denken zu unterdrücken.»[9] Dieser Satz stammt von Rudolf Steiner, der ihn in einem Vortrag mit dem Titel «Zeichen, Griff, Wort» am 4. April 1916 geäußert hat.

Derselbe Steiner war auch der tief begründeten Auffassung, dass unsere Epoche jedem Menschen die Aufgabe stelle, mit allen Erkenntnismitteln die Auseinandersetzung mit den Mächten des Bösen aufzunehmen, und das heißt vor allem, sich ein unbeirrbares Unterscheidungsvermögen für Wahrheit und Täuschung anzueignen.[10] Gerade dieses Unterscheidungsvermögen soll durch das «Denkverbot» abgestumpft oder gar vernichtet werden.

Ein sehr direkt wirkendes Mittel, dieses Verbot durchzusetzen, ist die *bewusste* Verbreitung von Unwahrheit und Lüge. Dadurch kann der Menschheit die Möglichkeit genommen werden, zwischen Wahrheit und Lüge zu unterscheiden. Auch zu dieser von gewissen Kreisen gerade im Zusammenhang mit der Aufklärung der Ereignisse des 11. September bewusst gehandhabten «Technik des Bösen» hat sich Steiner einmal in höchst aktueller Weise geäußert: «Wenn man in einer solchen Sache bewandert ist, was tut man? Wenn man bewandert ist in einer solchen Sache, dann erzählt man den Leuten unter Autorität Dinge, die unwahr sind. Man macht das systematisch. Dadurch dämpft man ihr Bewusstsein bis zur Dumpfheit des Traumbewusstseins herunter. Dadurch erreicht man, dass man untergräbt dasjenige, was als Individualbewusstsein seit der Mitte des 15. Jahrhunderts in den Menschenseelen heraus will (...) Man will das Bewusstsein herabdämpfen, indem man den Leuten die Lüge beibringt. Man muss selbstverständlich mit allen Mitteln, die einem zur Verfügung stehen, die Lüge und die Unwahrheit bekämpfen. Aber man soll nicht glauben, dass sie aus der Einfalt hervorgehe oder etwa gar aus dem Glauben hervorgehe, dass dasjenige wahr sei, was man sagt.»[11]

Die von unabhängigen Forschern verschiedenster Nationalität mit den ihnen zu Verfügung stehenden Mitteln betriebene Aufklärung der Mythen um den 11. September ist damit nicht zuletzt auch ein höchst zeitgemäßer und zeitnotwendiger Kampf um die Erhaltung und Weiterentwicklung des menschlichen *individuellen Urteils- und Unterscheidungsvermögens*.Und ein Kampf gegen die universelle Verdumpfung des menschlichen Bewusstseins.

Zu diesem Kampf möchte auch die vorliegende Sammlung von Betrachtungen einen Beitrag leisten.[12]

27. Juli 2004 *Thomas Meyer*

---

1 Die Zahl der Opfer von Pearl Harbor betrug 2476; die von New York laut neueren Schätzungen unter 3000.

2 Zu finden unter http://www.9-11commission.gov/
Die im Bericht angeführte Passage von Roberta Wohlstetter ist zitiert

aus der deutschen Fassung des Werkes: *Pearl Harbor – Signale und Entscheidungen*, Erlenbach-Zürich 1966, S. 404.

3 Deutsch durch TM. Zu finden unter http://www.9-11commission.gov/hearings/index.htm

4 *BBC World* vom 22. Juli 2004 (Kursiv durch TM).

5 Eine Transkription dieses Interviews kann gefunden werden unter http://www.whatreallyhappened.com/cutter.html. Es konnte eine Zeitlang unter der ISBN-Nummer 0-7806-4006-3 auf der PBS-Webseite als Video bestellt werden, bis der PBS-Shop die Auslieferung stoppte. (Unter http://youthfulindiscretions.com kann eine Bildversion, unter http://VestigialConscience.com/PullIt.mp3 eine Aufzeichnung der Tonspur heruntergeladen werden.)
Vertreter der Angehörigen von Opfern der Anschläge forderten den New Yorker Bürgermeister Giuliani dazu auf, u.a. die Aussage Silversteins gegenüber der offiziellen Untersuchungskommission zur Sprache zu bringen (http://www.911independentcommission.org/giuliani31804.html)
Silversteins Schlüsselaussage wird im Schlussbericht der Kommission mit keinem Wort erwähnt.

6 Zu weiteren umfassenden Gesichtspunkten *okkult-politischer Art* siehe die Einleitung zur gleichzeitig erscheinenden Schrift *Brückenbauer müssen die Menschen werden.*

7 Die Überwindung des Gegensatzes zwischen Wahrnehmung und Begriff geschieht durch den Erkenntnisakt. Er bringt die höhere Einheit, die in beiden verborgen liegt, zum Vorschein. Erkenntnis wird in der philosophischen Grundschrift R. Steiners *Wahrheit und Wissenschaft* geradezu als *Synthese* von Wahrnehmung und Begriff bestimmt. Sie unterscheidet sich von gedankenloser Wahrnehmung ebenso wie von solchen Vorstellungsbildungen, die sich weitgehend losgelöst von der Wahrnehmung vollziehen. Letztere sind das Charakteristikon u.a. aller Legendenbildungen oder «Mythen» wie auch des offiziellen Mythos um den 11. September.

8 *Mythos 9/11. Der Wahrheit auf der Spur*, München 2004, S. 215f.

9 R. Steiner, *Gegenwärtiges und Vergangenes im Menschengeiste*, GA 167.

10 Siehe dazu zum Beispiel Steiners *Faust*-Vorträge vom 3. und 4. November 1917 in GA 273.

11 R. Steiner, *Heilfaktoren für den sozialen Organismus*, GA 199. Vortrag vom 6. Juni 1920.

12 Da der symptomatische Pearl-Harbor-Komplex in mehreren Artikeln behandelt wird, waren diesbezüglich geringfügige Wiederholungen unvermeidlich.

1.

«Islamistan» und der Westen

Der Konsens zur Neuen Weltordnung – vor und nach dem 11. September 2001

Verkündung der Neuen Weltordnung durch Bush sen. am 11. September 1990

Am 11. September 1990 hatte Präsident Bush sen. vor beiden Kammern des Kongresses erstmals von der Notwendigkeit gesprochen, eine «neue Weltordnung» zu etablieren. Es war nach dem Einmarsch der irakischen Armee in kuwaitisches Gebiet. Diese «neue Ära», so versprach er, wird «freier von der Bedrohung durch den Terror, stärker in der Verfolgung von Gerechtigkeit und sicherer in der Suche nach Frieden».

In der Woche zuvor war im Londoner *Economist* eine «new and accurat map of the world» erschienen, die eine neue Aufteilung der Weltkontinente nach religiös-ideellen Gesichtspunkten vornahm.

Europa ist auf dieser ausführlich kommentierten Karte zum einen durch den Westen aufgesaugt («Euro-America»), zum anderen verschmolzen mit dem Osten («Euro-Asia»). Außerdem finden wir ganz neue «religiöse» Kontinente: «Islamistan», «Hindustan», «Confuciana». Die Religions- oder Zivilisations-Kontinente dieser Karte sind Stück für Stück in Verwirklichung begriffen. Weltweit ist zum Beispiel klar erkennbar ein islamisch-fundamentalistischer Gewaltblock entstanden – Islamistan.

Im Sommer 1993 sprach Samuel Huntington in einem vielbeachteten Artikel in der für die US-Außenpolitik maßgeblichen Zeitschrift *Foreign Affairs* (Sommer 1993) vom neuen «Clash of Civilisations» («Zusammenstoß der Zivilisationen»), in dem ebenfalls auf das wachsende terroristische Potential des islamistischen Fundamentalismus hingewiesen wurde; bald darauf erschien der Artikel in erweiterter Form als Buch (*Kampf der Kulturen*).

1997 beschrieb Zbigniew Brzezinski in seinem Buch *Die einzige Weltmacht* in unverblümter Form die geostrategisch-wirtschaftlichen Ziele der US-Politik in Eurasien und charakterisierte die islamistische Region von Afghanistan als neues eurasisches Krisengebiet, während Europa nur noch die Rolle eines

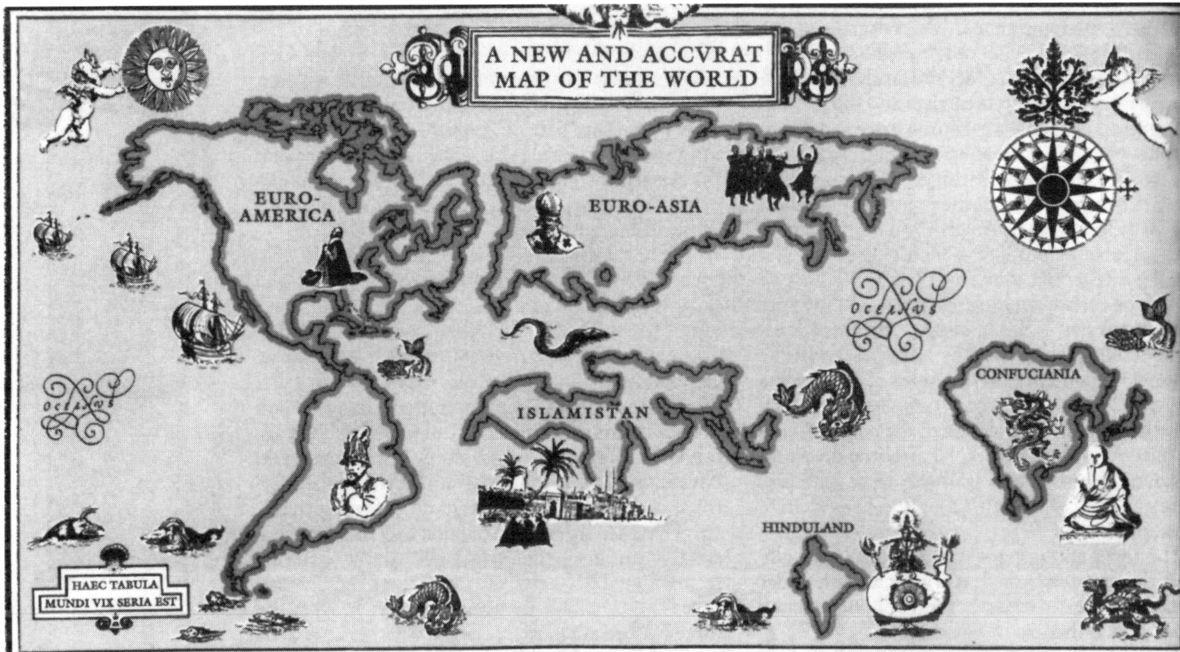

Die «neue und akkurate» Weltkarte, die vom Londoner Wirtschaftsmagazin *Economist* im September 1990 veröffentlicht worden ist.

US-Vasallen spielen sollte. Nach Brzezinski würde ein allgemeiner Konsens für eine solche US-Politik allerdings schwerer herbeizuführen sein als 1941 (nach dem Angriff auf Pearl Harbor), «außer in Fällen einer massiven und unmittelbaren Bedrohung von außen» (im Original deutlicher: «except in the circumstances of a truly massive and widely perceived direct external threat»[1]).

Die Wirkung der Anschläge vom 11. September

Am 11. September 2001 wurde diese «äußere Bedrohung» weltweit wahrgenommene Wirklichkeit. Über dem Entsetzen und dem Betrauern der unschuldigen Opfer in New York (und anschließend in Afghanistan) sollte aber nicht übersehen werden, dass dieses fürchterliche Ereignis im Sinne der Brzezinski-Doktrin und der Bush-Praxis u.a. folgende Früchte zeitigte: 1. Durch nichts ist das Entstehen des Blocks «Euro-America» so gefördert worden wie durch die sofort nach dem 11. September erfolgten und folgenreichen Solidaritätsbekundungen der Staatschefs der NATO-Länder mit den Zukunftsabsichten der US-Regierung. 2. Kein Ereignis hat die Blockbildung von «Islamistan» so massiv befestigt wie der 11. September. 3. Kein Ereignis hat der US-Regierung die Vormachtstellung ihrer eigenen Rechtsprechung über sämtliche nationalen Rechtsstrukturen verschafft wie der 11. September. 4. Kein Ereignis hat den USA eine Handlungsfreiheit in den geopolitisch (sprich u.a. drogen- und ölwirtschaftlich) wichtigen Gebieten Innerasiens (und demnächst wohl auch Iraks und Saudiarabiens) erobert wie der 11. September.

Eine Feier im CIA-Hauptquartier

Ein aufmerksamer Zeitgenosse wird sich angesichts dieses enormen «Nutzens» der Anschläge vom 11. September für gewisse US-Kreise fragen müssen, inwieweit dieses Ereignis allein aus fundamentalistisch-islamistischen Kräften zu erklären ist und wieweit in noch ganz anderer, verdeckter Weise auf es hingearbeitet worden ist.

Der ehemalige deutsche Minister und Geheimdienstspezialist Andreas von Bülow vertritt die Auffassung, dass sowohl Huntingtons wie Brzezinskis Publikationen gewissermaßen inoffizielle Auftragsarbeiten der CIA gewesen seien.[2] Derselben CIA, in deren Hauptquartier in Langley (Virginia) Bush jun. bereits zwei Wochen nach den Anschlägen eine Art Beförderungsparty feierte und den versammelten CIA-Beamten (inkl. deren Chef George Tenet) beruhigend und anerkennend versicherte: «Der 11. September ist eine traurige Erinnerung, doch er ist Erinnerung (....) Ich kann Ihnen im Namen des amerikanischen Volkes gar nicht genug danken.»[3] Damit wird nicht etwa behauptet, dass die CIA (oder das FBI) die Anschläge selbst *geplant* habe, sondern die Frage aufgeworfen: Hatte der US-Geheimdienst *aktiv zu einem Nichtverhindern* von deren erfolgreicher Durchführung beigetragen? Wenn Letztere nur auf ein rein passives «Versagen» der Geheimdienste zurückzuführen wäre, hätte Bush jun. am 26. September 2001 kaum Grund zum Feiern im CIA-Hauptquartier gehabt.

Welche Verschwörungstheorie?

Verschwörungstheorien? Das Schlagwort wird fast ausnahmslos von Leuten aufgeworfen, die sich kritiklos die offiziell verkündete *amerikanische* Verschwörungstheorie zu eigen gemacht haben. Diese ist aber die schlechteste aller bisher vorgebrachten Theorien einer 11.-September-Verschwörung: Sie hat fast vollständig beweislosen Behauptungscharakter, zentriert alles pauschal auf Bin Laden, und ihre Propagandisten haben bis zum heutigen Zeitpunkt zu den zahllosen offenen Fragen keine systematischen Untersuchungen und umfassenden Abklärungen eingeleitet, geschweige denn irgendwelche ernstzunehmenden Resultate vorgelegt. Oder solche vielleicht nicht nur nebensächliche Fragen geklärt wie: Was gab es denn am 26. September 2001 in Langley zu feiern? Oder – um aus dem Meer von Fragen noch eine einzige herauszugreifen: Weshalb ließ General Ahmed, der pakistanische Geheimdienstchef (der sich zur Zeit der

Anschläge in Washington aufhielt und dessen Dienst – ISI – bekanntermaßen in engster Kooperation mit der CIA arbeitet), in den Wochen vor den Anschlägen dem Terrorpiloten Mohamed Atta 100 000 Dollar überweisen?[4]

Eine neue Weltordnung für alle

Brzezinski wusste 1997: Ohne «weithin wahrgenommene massive und unmittelbare Bedrohung von außen» wird es schwer sein, einen allgemeinen Konsens für die geplante geostrategische Politik der Neuen Weltordnung zu gewinnen. *Dieser Konsens ist durch die Ereignisse vom 11. September 2001 schlagartig etabliert worden.* Im Interesse relativ weniger Nutznießer, zum Schaden großer Teile der Weltbevölkerung (einschließlich der amerikanischen, der diktatorische innenpolitische Gesetze beschert wurden).

Die Welt ist nicht, wie Bush sen. am 11. September 1990 phrasenhaft verkündet hatte, «freier von der Bedrohung durch den Terror, stärker in der Verfolgung von Gerechtigkeit und sicherer in der Suche nach Frieden» geworden. Schon gar nicht durch die Politik des Kabinetts von Bush jun. – Zeit für eine der *ganzen* Menschheit dienende neue Weltordnung.

Dieser Artikel ist erstmals in der *Basler Zeitung*
vom 4.11.2002 erschienen

---

1 Z. Brzezinski, *Die einzige Weltmacht*, Winheim-Berlin 1997, S. 300f.

2 Interview im *Europäer*, Juli-August, 2002. – Vgl. auch von Bülows Buch *Im Namen des Staates*, München (Serie Piper) 2000.

3 www.whitehouse.gov/news/releases/2001/09/20010926-3.html Siehe auch die Abb. auf S. 51.

4 *Times of India*, 9. Oktober 2001. Eine detaillierte Darstellung des Zusammenhanges von ISI und CIA findet sich in: Michel Chossudowsky, *War and Globalization, the Truth behind September 11*, Shanty Bay (Canada) 2002, Kap. 4 und 10.

2.

Der sitzen gebliebene Präsident

Ein Beitrag von Jared Israel

Die Videoaufnahmen von G.W. Bush in der Booker School

Der Besuch des durch Wahlmanipulation in Florida «gewählten» Präsidenten in der Emma Booker School in Sarasota, Florida, wurde auf Video aufgenommen.

Die Booker School hatte auf ihrer Webseite eine Zeitlang einen Link zu einem solchen Videofilm (Dauer: 11 Minuten); später wurde er entfernt.

An dieser Stelle füge ich die deutsche Fassung eines kurzen Artikels von Jared Israel (dem Gründer der Webseite Emperor's Clothes) ein, einem der ersten amerikanischen Analytiker der Unstimmigkeiten in den offiziellen Erklärungen zum 11. September. Jared Israel sieht in dieser Videoaufnahme von Bushs Besuch in der Schulklasse ein erstes Indiz für eine kriminelle Mitwisser- oder Mittäterschaft auf Seiten der US-Administration. Dieser Artikel (mit Links zum Video) ist unter www.emperors-clothes.com/indict/vid.htm zu finden.

Israel kommentiert den besagten Videofilm wie folgt:

Dieses kurze Video ist ein «rauchender Colt»*

Auf dem kurzen Video sieht man, wie Bush in einem Klassenzimmer sitzt und bei einer Unterrichtsstunde im Lesen zuschaut. Unverzüglich eilt sein Stabschef Andrew Card herbei und flüstert ihm etwas ins Ohr. Bush antwortet nicht. Andrew Card eilt davon. –
Was stimmt nicht an dieser Szene?

Gemäß der offiziellen Darstellung flüsterte Andrew Card, dass ein zweites Flugzeug in das World Trade Center hineingeflogen sei, und dass der nationale Ausnahmezustand eingetreten sei.

Bush hat diesen Augenblick am 5. Januar 2002 bei einer Zusammenkunft in einem Rathaus in Kalifornien (Live-Übertragung auf CNN, 12.59 Uhr) auf folgende Weise beschrieben:
«Andy Card kam und sagte: ‹Amerika wird angegriffen.›» [1]

---

* «a smoking gun»: Ausdruck aus «Western»-Filmen für ein untrügliches Indiz, das einen kriminellen Täter überführt.

Wenn der Stabschef dem Präsidenten berichtet, dass das Land angegriffen wird, wird der Präsident darüber sprechen. Fragen stellen. Mehr Information verlangen. Den Raum verlassen. Mit Beratern konferieren. Irgendetwas *tun. Aber Bush bleibt einfach sitzen.*

Der Stabschef ist der Angestellte des Präsidenten. Wenn er dem Präsidenten sagt: «Amerika wird angegriffen», wird der Präsident ihm Anweisungen erteilen. Aber Bush sagte nichts – nicht ein Wort. Und Andy Card wartete nicht auf Anweisungen; er eilte davon.

Was hat dies zu bedeuten?

Es bedeutet, dass Andy Card gar keine Antwort erwartete.

Es bedeutet, dass er Bush überhaupt nicht über einen unerwarteten *Angriff auf das Land informiert haben kann.*

Es bedeutet, dass er Bush einen Situationsbericht gab über den Ablauf eines Plans, den Bush schon kannte, und dass Card gleich weg musste, um diesen Plan weiter zu verfolgen.

Und was Bush betrifft, so sieht man später im kurzen Video, wie er lächelt und ermunternd zu den Kindern spricht. In der Vollversion kann man sehen, wie er die Schüler anfeuert und ihnen eine längere aufmunternde Ansprache am Ende der Unterrichtsstunde hält.

Dies ist nicht das Bild eines Präsidenten, der von einem entsetzlichen Ereignis schockiert ist und der einer unerwarteten nationalen Katastrophe gegenübersteht.

Dies ist das Bild von Hochverrat.

Jared Israel
Deutsche Fassung von Nicholas Dodwell.

Stabschef Card flüstert Bush vor den Schülern der Emma Booker School zu: «Amerika wird angegriffen.»

II. Das Geplänkel in der Booker School

Originalwortlaut vom Soundtrack des Bush-Videos. Unverständliche kurze Äußerungen sind durch (...) markiert.

[Um 8.47 Uhr: erstes Flugzeug rast in den WTC-Nordturm. Etwa 16 Minuten später (9.03 Uhr): zweites Flugzeug rast in den Südturm. Bush trifft kurz vor neun Uhr mit einer Eskorte in der Schule ein. Er informiert die Rektorin Rigell über das «Unglück» mit der ersten Maschine und betont, dass die Sitzung in der Klasse wie geplant stattfinden werde.[2]]

Bush: «Good Morning! Good morning!» (...) «Great to meet everybody!» [Zu Kindern]: «How are you doing? Are you ok?» *[Unmittelbar nachdem Andy Card Bush angeblich über die Kollision im Nordturm informiert hatte:]*

Bush: «Uh, these are great readers!»
Lehrerin: «Yes, they are.»
Bush: «Very impressive! Thank you all so very much for showing me your reading skills.»
[Zu Lehrerin:] «I bet they practised it» (...)
Lehrerin: «Oh, yes» (...)
Bush: «Reading more than they watch TV?»
Lehrerin: «Oh yes, oh yes.»
Bush [zu den Kindern]: «Anybody do that? Read more than you watch TV?»
[Hände werden aufgestreckt] «Oh, that's great! Very good!»
(...) «very important to practise. Thanks for having me. Very impressive!» [Klappt Lesebuch zusammen und steht auf.]

[Etwa 10 bis 15 Minuten später: erste Erklärung vor versammelten Lehrern und Schülern und Personal in der Booker-Schule]

«Ladies & Gentlemen,
this is a difficult moment for America. I, em, unfortunately will

be going back to Washington after my remarks. Secretary (...) will take the podium and discuss education. (...) I do want to thank you, folks, here at the» [schaut auf das vor ihm liegende Skript] «Booker Elementary School for your hospitality.

Today we've had a national tragedy. Two airplanes have crashed into World Trade Center, in an apparent terrorist attack on our country. I have spoken to the Vice President, to the governor of New York, to the director of the FBI and I have ordered that the full resources of the Federal Government go to help the victims and their families and to conduct a full scale investigation to hunt down and to find those folks who committed this act. Terrorism against our nation will not stand. And now, if you join me in a moment of silence.» [Das versammelte Schulpersonal und Bush neigen etwa 3 Sekunden schweigend das Haupt.] «May God bless the victims, their families and America. Thank you very much.» [Nimmt Blätter vom Pult, ab. Bush verlässt um 9.45 Uhr die Booker School.]

Zusammengestellt und transkribiert von Th. Meyer

---

1 CNN Live Event/Special, 12:59, Jan. 5, 2002: «Bush speaks at Town Hall meeting» by Jonathan Karl.

2 «The President as Incompetent Liar»: www.emperors-clothes.com/indict/liar.htm

Drei Momente aus dem 11-minütigen Booker-School-Video

3.

Die Attacke auf das World Trade Center – eine vielschichtige Katastrophe

«Veritas magna est et praevalebit.»[1]

1. Der «Pearl-Harbor»-Effekt

In den ersten Tagen nach der Katastrophe von New York und Washington wurde von beinahe jedem Presseprodukt, vor allem in der englischsprachigen Welt, der Vergleich zur Katastrophe von Pearl Harbor gezogen.

Der angeblich überraschende Angriff der japanischen Luftstreitkräfte auf den amerikanischen Pazifikstützpunkt am 7. Dezember 1941 hatte bekanntlich den Eintritt der USA in den Zweiten Weltkrieg zur Folge. Auch wenn dieser Vergleich mittlerweile wieder etwas in den Hintergrund getreten ist, ließ sich in Anknüpfung an ihn ein neu aufflammender amerikanischer Patriotismus zumindest wesentlich verstärken, der in der Tat nur mit der patriotischen Kriegsstimmung vergleichbar ist, die ganz Amerika durch den von Roosevelt pathetisch verkündeten «Day of Infamy» ergriffen hatte.

Die September-Sonderausgabe der Zeitschrift *Time* brachte auf der letzten Seite unter der Überschrift «Anlass zum Zorn und zur Vergeltung» in fettgedruckter Hervorhebung folgenden Aufruf zum Abdruck (siehe nebenstehenden Kasten): «Was jetzt nötig ist, ist ein einheitlicher, vereinigender Pearl Harbor-artiger glühender amerikanischer Zorn – eine rücksichtslose Empörung, die sich nicht in ein, zwei Wochen wiederum verflüchtigt.»[2] Unzäh-

What's needed is a unified, unifying, Pearl Harbor sort of purple American fury – a ruthless indignation that doesn't leak away in a week or two

Aus der September-Sondernummer von *TIME*

lige Male wurde die Position von Präsident Bush mit der von Roosevelt verglichen, der angesichts des mit großem Pathos verkündeten «Day of Infamy», des Tages des «heimtückischen» japanischen «Überraschungsangriffs» auf die USA, das bis dahin kriegsunwillige amerikanische Volk dank eines gigantischen Massenstimmungsumschwungs geschlossen in den Weltkrieg führen konnte, ja durch dieses Ereignis geradezu den moralischen Auftrag dazu erhielt. Roosevelt führte die Amerikaner in den Zweiten Weltkrieg, Bush verkündete unverhohlen den von Amerika zu führenden und zu gewinnenden *ersten Krieg des 21. Jahrhunderts*. Kein friedliebender Mensch sollte diese sofort nach dem Bekanntwerden der Katastrophe gezogene Parallele zu den Ereignissen von 1941 daher auf die leichte Schulter nehmen. Die durch die Ereignisse vom 11. September ausgelösten Hass- und Vergeltungsemotionen weiter Teile des amerikanischen Volkes konnten durch nichts so effektiv zu einem kompakten US-Patriotismus gebündelt werden wie durch diese neu heraufbeschworene kollektive Erinnerung an das, was die meisten Amerikaner (wie auch die meisten allgemeingebildeten Europäer) für den einzig vergleichbaren Präzedenzfall ihrer Geschichte halten.

So wurde der Pearl-Harbor-Effekt mit den Schreckensreaktionen auf den 11. September sofort in wirksamer Weise verknüpft, und zwar nicht durch irgendwelche Leute, sondern ursprünglich durch die Regierungsmannschaft Bushs. Denn der Vergleich der Attacke auf das World Trade Center mit dem japanischen Angriff auf den amerikanischen Pazifikstützpunkt wurde erstmals in der Air-Force-One-Maschine ausgesprochen, die den Präsidenten am 11. September nach Nebraska flog.[3] Er wurde unverzüglich vom republikanischen Senator Hagel und von Henry Kissinger aufgegriffen.[4] Auch der US-Geostratege Brzezinski sagte in einem Interview am 13. September: «Es handelt sich zweifellos um das mörderischste Ereignis, das die Vereinigten Staaten seit dem Bürgerkrieg erlebt haben. Es ist sogar noch mörderischer als Pearl Harbor, und die psychologischen Auswirkungen sind dieselben. In beiden Fällen handelt es sich um einen Überraschungsangriff.»[5]

Aus dem Vorwort von Robert Stinnett zu seinem Buch
Pearl Harbor. Wie die amerikanische Regierung den Angriff provozierte und 2476 ihrer Bürger sterben ließ,
Frankfurt a. M. 2001, S. 11ff.

In das kollektive Gedächtnis hat sich der Name «Pearl Harbor» eingebrannt als Chiffre für militärische Infamie und für ein Verhängnis, das Nichtsahnenden aus heiterem Himmel droht. Und deshalb scheint die Wahrheit über die Vorgänge und Entscheidungen, die am 7. Dezember 1941 zum Überfall Japans auf die amerikanische Pazifikflotte führten, auch außer Frage zu stehen.
Ich indes stelle sie in Frage. Mehr noch: In diesem Buch widerlege ich einen Großteil der vermeintlichen Gewissheiten über Pearl Harbor. Mir geht es darum, den wirklichen Ablauf der Ereignisse, die dem verheerenden japanischen Angriff auf den Flottenstützpunkt und die ihm benachbarten Einrichtungen der US-Armee vorausgingen, zu rekonstruieren und mit amtlichen Dokumenten zu belegen, dass für Präsident Franklin Delano Roosevelt und viele seiner militärischen und politischen Spitzenleute und Berater dieser Angriff kein Überraschungsangriff war. Ich will dabei nichts beschönigen, sondern bloß nachzeichnen, wie die Vereinigten Staaten zum Teilnehmer an einem blutigen Konflikt wurden, der die freie Welt bedrohte. Aufgrund dieser damaligen Bedrohung liegt mir auch nichts ferner, als die «Weisheit» des amerikanischen Kriegseintritts in Frage zu stellen.

Als Veteran des Krieges im Pazifik war ich zunächst empört, als ich entdeckte, welche Geheimnisse vor uns Amerikanern über fünfzig Jahre lang verborgen gehalten worden sind. Zugleich hatte ich Verständnis für das quälende Dilemma, vor dem Präsident Roosevelt stand. Er war gezwungen, zu um- und abwegigen, auch zu «unsauberen» Mitteln zu greifen, um ein isolationistisch gesonnenes Amerika zur Beteiligung an einem Kampf für die Freiheit zu überreden. Er wusste, dass dieser Kampf Menschenleben kosten würde – wie viele, konnte niemand voraussagen. Amerika war ein desillusioniertes Land, nachdem es mit seinem im Ersten Weltkrieg verkündeten idealistischen Vorsatz, «die Welt für die Demokratie sicher zu machen», Schiffbruch erlitten hatte. Viele Amerikaner hatten sich zum Isolationismus bekehrt, weil sie ihren Kindern die Schrecken eines weiteren Krieges ersparen wollten; sie waren der festen Überzeugung, Präsident Roosevelt werde ihre Söhne nicht zum Kämpfen auf fremde Schlachtfelder schicken. Der Präsident ging davon aus, nur eine offene Kriegshandlung gegen die Vereinigten Staaten könne seine Landsleute dazu bringen, sich hinter der Fahne zu sammeln. Der Entschluss, den er zusammen mit seinen Beratern fasste, sah vor, die Japaner durch eine Reihe feindseliger Aktionen zu einer solchen offenen Kriegshandlung zu provozieren – zum Überfall auf Pearl Harbor.

Im Verlauf meiner sich über siebzehn Jahre erstreckenden Archivrecherchen und meiner persönlichen Unterredungen mit Kryptologen der US-Marine stieß ich in amtlichen Dokumenten, deren Freigabe ich durch Anträge gemäß dem Freedom of Information Act (dem Gesetz, das den Rechtsanspruch von US-Bürgern auf Einsicht in behördliche Akten regelt) erwirken konnte, auf die Lösung, die Roosevelt für sein Dilemma fand. Aus in bemerkenswerter Vielzahl vorliegenden Dokumenten wird deutlich, mit welcher Zielstrebigkeit der Präsident vorging, um die besagte offene Kriegshandlung der Japaner herauszufordern, die Amerika in den Krieg hineinkatapultieren würde, unter Inkaufnahme eines verheerenden Schlages gegen Pearl Harbor und andere US-Stützpunkte im Pazifik. In einer Denkschrift wurden, Schritt für Schritt, acht Maßnahmen vorgeschlagen, die die Japaner zum Angriff provozieren sollten. Kurz nachdem Roosevelt diese Denkschrift gelesen hatte, leitete er die Umsetzung der darin enthaltenen Vorschläge ein. Die Amerikaner exerzierten die acht Provokationen durch, und nach der achten schlugen die Japaner zu. Am 27. und 28. November 1941 erging die Weisung an die Oberbefehlshaber der US-Streitkräfte: «Die Vereinigten Staaten wünschen, dass Japan die erste offene Kriegshandlung begeht.» Nach Auffassung des damaligen Kriegsministers Henry L. Stimson kam diese Weisung direkt von Präsident Roosevelt.

(...) Man weiß seit langem, dass die diplomatischen Depeschen der Japaner, die auf bevorstehende Kampfhandlungen hindeuteten, abgefangen und entschlüsselt wurden. Das Neue an dem, was ich herausgefunden habe, ist, dass die Regierung Roosevelt noch viel mehr wusste. Abgesehen davon, dass sie gezielte Provokationen inszenierte, hörte sie auch den militärischen Nachrichtenverkehr der Japaner ab und entschlüsselte ihn. Sie wusste genauestens über den bevorstehenden Überfall Bescheid.

Indem Präsident Roosevelt den japanischen Überfall provozierte, akzeptierte er die schreckliche Unausweichlichkeit dessen, dass eine große Anzahl von Amerikanern – die Angehörigen der Pazifikflotte sowie die Zivilbevölkerung der amerikanischen Inseln und Stützpunkte im Pazifik – als ahnungslose Zielscheiben höchster Lebensgefahr ausgesetzt war. Den amerikanischen Kommandeuren auf Hawaii, Admiral Husband Kimmel und Generalleutnant Walter Short, wurden geheimdienstliche Erkenntnisse vorenthalten, die sie veranlasst hätten, sich besser gegen die Gefahren zu wappnen, die die Politik Roosevelts mit sich brachte. Sie waren gezwungen, sich an die direkt vom Präsidenten kommende Weisung zu halten: «Die Vereinigten Staaten wünschen, dass Japan die erste offene Kriegshandlung begeht.» Mehr als 200 000 Dokumente, die ich ausgewertet, und zahlreiche Interviews, die ich geführt habe, haben mich zu dieser Schlussfolgerung geführt. Mein Dank gilt dem Freedom of Information Act (FOIA) und seinem Schöpfer, dem verstorbenen demokratischen Kongressabgeordneten John Moss aus Kalifornien, denn ohne die rechtlichen Möglichkeiten, die dieses Gesetz bietet, hätte ich diese Geschichte nicht recherchieren und erzählen können (...)

2. Die Wahrheit über Pearl Harbor und einige ihrer Hauptzeugen

Brzezinskis Behauptung vom «Überraschungscharakter» des japanischen Angriffs ist exemplarisch für die Darstellung dieses Ereignisses innerhalb der offiziellen US-Geschichtsschreibung, und sie wird von den «Hofhistorikern» und «Hofmedien» Amerikas und der übrigen «freien» Welt bis heute aufrechterhalten. Das ist verständlich: Denn nur dank des ersten psychologischen Pearl-Harbor-Effekts von 1941 gelang es, das amerikanische Volk mit der Schubkraft moralischer Entrüstung und nobler Verpflichtung auszustatten und widerstandslos in den Weltkrieg zu verwickeln. Die Machthaber und ihre Hofhistoriker haben

Admiral Husband E. Kimmel

angesichts solcher für sie positiver Effekte daher kein Interesse daran, ihre Version der Ereignisse durch eine andere ersetzen zu lassen, auch wenn diese wahr sein sollte. Deshalb wird von den längst und bis in die jüngste Zeit unternommenen Pearl-Harbor-Untersuchungen unabhängiger Historiker von den Hofmedien in der Regel auch nicht Notiz genommen. Es ist aber selbstverständlich, dass von jenen, deren Untersuchungen in irgendeiner Art mit den Interessen der Mächtigen verquickt sind, nur insoweit eine wahrheitsgemäße Darstellung der Tatsachen erwartet werden kann, als diese mit den Interessen ihrer Auftraggeber nicht kollidiert.Die jüngste unabhängige Untersuchung zu Pearl Harbor stammt von Robert B. Stinnett. Der Verfasser diente zwischen 1942 und 1946 in der US-Navy, schrieb ein Buch über George Bush sen. und arbeitete als Photograph und Journalist für die *Oakland Tribune*. Er ist als Spezialist für Fragen des Pazifikkriegs Berater der BBC und verschiedener japanischer Fernsehstationen.

Stinnetts Buch, das inzwischen auf Deutsch erschienen ist, kam im Jahre 2000 bei Simon & Schuster unter dem Titel *Day of Deceit* heraus. Der Titel («Tag der Täuschung») kündet bereits an, was nach Ansicht des Autors hinter Roosevelts «Day of Infamy» («Tag der Schande») in Wahrheit steckt: ein gewaltiges, bis heute weitgehend erfolgreiches, da nicht durchschautes Täuschungsmanöver gegenüber Volk und Kongress. Stinnett stellt dabei die Berechtigung eines amerikanischen Kriegseintritts keineswegs in Frage; er deckt nur die unlauteren, das Leben von Tausenden von amerikanischen Bürgern opfernden Mittel auf – es gab 2349 Tote auf amerikanischer und 64 Tote auf japanischer Seite.

Die Hauptergebnisse seiner 17 Jahre dauernden Untersuchungen fasst Stinnett im Vorwort zu seinem Buch in klarer Art zusammen (siehe Kasten S. 36). Von besonderem Interesse ist dabei die Rolle von Roosevelts Kriegsminister Henry L. Stimson – er war Mitglied des Yaleclubs «Skull & Bones» –, der unter dem 25. November 1941 in seinem Tagebuch von einer Kabinettssitzung berichtet, in der es darum ging, die Japaner «zum ersten Schuss zu provozieren». Stinnett macht im Übrigen auf den Umstand aufmerksam, dass noch immer gewisse abgefangene japanische Botschaften vom Herbst 1941 der Öffentlichkeit vorenthalten werden.

Die wohl früheste unabhängige umfassende Untersuchung zu Pearl Harbor stammt vom promovierten amerikanischen Historiker George Morgenstern (1906–1988): *Pearl Harbor – The Story of the Secret War*. Das Buch erschien 1947 in einem kleinen New Yorker Verlag (Devin Adair Company). Morgenstern kommt im Wesentlichen zu denselben Resultaten wie Stinnett,

Pearl Harbor am 7. Dezember 1941

obwohl ihm weit weniger Aufzeichnungen und Dokumente zur Verfügung standen. Morgensterns Buch ist 1998 bei Herbig in München auf Deutsch erschienen (*Pearl Harbor 1941 – eine amerikanische Katastrophe*) und kam im Jahre 2000 in dritter Auflage heraus. Die deutsche Übersetzung wurde vom Münchner Historiker Walter Post besorgt. Post schrieb eine Einleitung zum Werk, das einen hervorragenden Überblick über die Pearl-Harbor-Frage gibt.

Zeitlich zwischen den Untersuchungen von Morgenstern und Stinnett liegen die Pearl Harbor mehr oder weniger zentral behandelnden Arbeiten von Charles Tansill (1890–1964), Harry Elmer Barnes (1889–1968) und Hamilton Fish (1888–1991). Tansill war einer der renommiertesten US-Historiker mit einem Lehrstuhl an der Georgetown University; er wirkte zehn Jahre lang als Berater beim Senate Committee on Foreign Relations; sein Werk *Back Door to War* erschien 1952. Barnes, einer der bedeutendsten US-Historiker seiner Generation, fasst kurz vor seinem Tod seine Untersuchungen zu Pearl Harbor nochmals zusammen: *Pearl Harbor after a Quarter of a Century*, New York 1972. Hamilton Fish publizierte 1976 sein Buch *The Other Side Of The Coin – How We Were Tricked into World War II* (Vantage Press, New York).

Von großem Gewicht ist die von Walter Post angeführte Äußerung des ehemaligen CIA-Chefs William Casey – Casey war in den 80er Jahren u.a. maßgeblich am Aufbau der Mujahidin in Afghanistan beteiligt –, die in seinen posthum erschienenen Memoiren enthalten ist (siehe Kasten S. 45).

Ähnlich gewichtiges Material das von Morgenstern und Stinnett wurde auch in einem BBC-Film von Roy Davies zusammengestellt. Der Film wurde 1991 vom WDR und Ende September dieses Jahres unter dem Titel «Pearl Harbor – Köder zum Krieg?» vom Bayerischen Fernsehen ausgestrahlt.

Das Magazin *GEO* brachte im Mai 2001 einen gründlich recherchierten Pearl-Harbor-Artikel von Wolf Schneider unter dem Titel «Pearl Harbor – Angriff im Morgengrauen» (S. 75ff.)

Schneider führt Kriegsminister Stimsons Tagebucheintrag nach Erhalt der «Schreckensnachricht» an: «Mein erstes Gefühl war Erleichterung, dass die Unschlüssigkeit vorüber war und dass wir uns nun in einer Krise befanden, die das ganze Volk einen würde.» (A.a.O., S. 87.) Roosevelts Berater Harry Hopkins berichtet in Bezug auf die erste Kabinettssitzung nach Bekanntwerden des Überfalls von einer «nicht übermäßig gespannten Atmosphäre; auf die Arbeitsministerin Frances Perkins wirkt der Präsident ‹sneaky›, was sich mit ‹scheinheilig, schlitzohrig› übersetzen lässt. Thema der Sitzung vor allem: wie der Präsident am folgenden Tag dem Kongress und damit dem Volk und der Welt erklären wird, was nach dem Debakel zu geschehen habe.» (A.a.O., S. 89.)

Schneider führt auch einen bemerkenswerten Ausspruch des Kennedy- und Johnsonberaters McGeorge Bundy an – wie Stimson und drei Bushs ein Skull-&-Bones-Mitglied –, der im Rückblick auf die Katastrophe von Pearl Harbor gesagt hat: «*Es war ein schrecklicher Tag, aber er hatte ein ganz wundervolles Ergebnis (...)* Wenn aber manche Amerikaner meinten, dafür hätte man nicht den blutigen Preis des 7. Dezember 1941 zahlen dürfen, so sollten sie bedenken: Auf jeden Toten von Pearl Harbor träfen 30 Tote in Hiroshima.»

An dieser Stelle möchte ich auch noch auf den amerikanischen Schriftsteller Gore Vidal hinweisen, dessen Vater Luftfahrtsminister bei Roosevelt war und dessen Halbschwester Jacqueline Bouvier-Kennedy hieß. «Niemand kann besser als er die amerikanische Außenpolitik geißeln, und niemand kennt die Geheimnisse der Macht besser als er», schrieb Willi Winkler in der *Weltwoche* am 23. September 2001. Und im Zusammenhang mit Vidals neuestem Roman *Das goldene Zeitalter*: «Am Dienstag der vergangenen Woche erschrak die ganze Welt. Sechzig Jahre nach dem Überfall auf Pearl Harbor war Amerika erneut angegriffen worden, und wie damals machte die Formel vom ‹Tag der Schande› die Runde. US-Präsident Franklin Roosevelt hat diesen Begriff geprägt, denn ohne Vorwarnung sollen die japanischen

Bomber am Sonntagmorgen des 7. Dezember 1941 über die ahnungslosen Seeleute auf Hawaii hergefallen sein. Die USA erklärten Japan am folgenden Tag den Krieg, Japans Bündnispartner Deutschland erklärte drei Tage später den USA den Krieg, und aus dem europäischen war ein Weltkrieg geworden. – Der Film *Pearl Harbor* hat diese traurige Geschichte erst wieder neu und besonders süßsauer erzählt. Und warum sollte sie sich auch nicht genau so zugetragen haben, wie sie im Kino, umrankt von einer ergreifenden Liebesgeschichte, nachgemalt wird? Weil sie nicht wahr ist, ganz einfach. Wer sagt das? Gore Vidal.»[6]

Aus dem Standardwerk von

George Morgenstern:
Pearl Harbor 1941. Eine amerikanische Katastrophe

Entgegen den Verlautbarungen der Roosevelt-Administration hatte die japanische Führung in den Monaten vor Pearl Harbor geradezu verzweifelt versucht, zu einer friedlichen Beilegung der amerikanisch-japanischen Streitigkeiten zu gelangen. Erst als der von Roosevelt initiierte Wirtschaftskrieg gegen Japan, insbesondere das Ölembargo, der japanischen Führung nur noch die Wahl ließ, sich entweder den unannehmbaren amerikanischen Forderungen zu unterwerfen oder die rohstoffreichen Gebiete Südostasiens, und hier vor allem die Ölfelder Niederländisch-Ostindiens, gewaltsam unter ihre Kontrolle zu bringen, und erst als praktisch keine Aussicht auf eine diplomatische Lösung mehr bestand, entschloss sich Tokio endgültig zum Krieg. Dieser Entschluss fiel Ende November 1941 (Vorwort, S. 17).

Churchill und Roosevelt benutzten für ihre transatlantischen Telephongespräche aus Sicherheitsgründen ein sogenanntes Zerhackertelefon, das die gesprochenen Worte unverständlich machte, sofern man nicht ein entsprechendes Gerät zur Entzerrung hatte. Der Deutschen Reichspost war es Ende 1940 gelungen, ein solches Gerät zu entwickeln. Im Sommer 1941 richtete die Reichspost an der holländischen Küste eine Abhörstation für die transatlantischen Telefongespräche ein und begann ab dem 11. September mit dem Mitschneiden. Am 26. November 1941 zeichnete die deutsche Abhörstation ein Gespräch zwischen Churchill und Roosevelt auf, in dem der britische Premierminister den amerikanischen Präsidenten eindringlich vor einer japanischen Trägerkampfgruppe warnte, die soeben von einem geheimen Marinestützpunkt im Norden Japans ausgelaufen sei; ihr Ziel sei Pearl Harbor.

Bei einem Dokument derart brisanten Inhalts stellt sich natürlich die Frage nach der Echtheit dieses Papiers. Es gibt aber zwei starke Indizien für die Echtheit: Zum einen erklärte General Marshall bei einer der Anhörungen vor dem Joint Committee, es sei der amerikanischen Regierung bekannt gewesen, dass die Deutschen die Telefongespräche zwischen Churchill und Roosevelt abhörten. Zum anderen schrieb der ehemalige Chef des CIA, William Casey, in seinen Memoiren, dass die Briten Washington vor einem japanischen Kampfverband gewarnt hätten, der Hawaii ansteuerte. (A.a.O., S. 31f.)

3. Dem Unwahren den Stempel des Wahren aufdrücken

Das Gewicht der seit den 40er Jahren des letzten Jahrhunderts bis heute zutage geförderten Untersuchungsergebnisse ist derart erdrückend, dass die Hofhistoriker-Version vom «Überraschungsangriff» auf Pearl Harbor für jeden Menschen mit Tatsachensinn eine indiskutable Farce darstellt. Die Politik von Roosevelt benötigte zum Vorwärtskommen *Lüge*, so wie ein konventioneller Motor zum reibungslosen Funktionieren Öl braucht. Ist er damit eine Ausnahmeerscheinung innerhalb der amerikanischen und – wenn man die zur Amtszeit Roosevelts exakt parallel verlaufende von Hitler nimmt – der europäischen Politik des 20. Jahrhunderts?

Jedenfalls ist es in Bezug auf breite Kreise der Öffentlichkeit gelungen, die objektive Unwahrheit der Pearl-Harbor-«Fable-convenue» als eine große und tragische historische Wahrheit hinzustellen. Und nicht nur das: Diese große historische Unwahrheit war die allererste «Wahrheit», die über eine ähnlich scheinende neue Katastrophe – die des 11. September 2001 – verbreitet wurde. Ist es nicht ein berechtigtes, für eine wirklichkeitsgemäße Urteilsbildung ja geradezu notwendiges Moment, dass sich jeder Kenner der Pearl-Harbor-Wahrheit fragt: Sollen bei den Erklärungen für die Hintergründe des September-Ereignisses *auf die große Initiallüge* nur noch lauter Wahrheiten gefolgt sein?

Warum legen wir auf diese Dinge solchen Wert?

Weil unwahre, falsche Gedanken selbst als zerstörerische Mächte wirken. Und wer *diese* Zerstörungsmacht angesichts der Zerstörung von Wolkenkratzern und Menschenleben für gering oder gar inexistent erachtet, der zeigt nur, dass er keinen Blick für die Wirklichkeit des Seelisch-Geistigen besitzt und dass ihm daher die Zerstörung von Leben und architektonischen Komplexen als einzige reale und ernstzunehmende Zerstörung erscheint. Wer auch nur das ABC geisteswissenschaftlicher Weltbetrachtung kennt, der weiß jedoch: Jede Lüge ist auf dem Seelenplan ein Mord. Den die tragische Zerstörung von Menschenleben und von Gebäuden bewirkenden Flugzeugbomben wurde durch den Pearl-Harbor-Vergleich auf der Stelle ein gigantisches mentales Lügenprojektil beigesellt, das sich infolge seiner erprobt «erfolgreichen» Verwendung seit dem Zweiten Weltkrieg erneut verwenden ließ und das sich unerkannt in die Seelen von Millionen Menschen bohrte.

Das Zeugnis des ehemaligen CIA-Chefs William Casey

Als der japanische Sturm im Pazifik immer stärker wurde, wurden die privatesten Nachrichten zwischen der japanischen Regierung und ihren Botschaften in Washington, Berlin, Rom und anderen größeren Hauptstädten in Washington mitgelesen. Armee und Navy-Decodierungsspezialisten lasen, nachdem der japanische diplomatische Code geknackt worden war, Botschaften mit, welche den Angriff vorhersagten. Die Briten hatten eine Mitteilung geschickt, dass eine japanische Flotte in Richtung Osten mit Kurs auf Hawaii unterwegs sei.

The Secret War Against Hitler, Washington 1988, p. 7.
(Deutsch durch Thomas Meyer.)
Die Memoiren Caseys erschienen ein Jahr nach seinem Tod.

Wie soll die Welt aber über eine Katastrophe zu klaren Gedanken kommen, wenn sie vom ersten Augenblick an mit einer katastrophalen, von den meisten Menschen aber undurchschauten zerstörerischen Lüge «erklärt» wird?

Was hat es zu bedeuten, wenn die an eine gigantische Unwahrheit geknüpften alten patriotischen Vorstellungen und Gefühle sofort bei Bekanntwerden der Katastrophe von New York in die aus dem Schrecken und der Trauer geborenen *neuen* patriotischen Stimmungen hineingeleitet werden? Es bedeutet eine Durchsetzung neuer Vorstellungen und Gefühle mit einem mächtigen Block jahrzehntealter Vorstellungen und Stimmungen, die auf Illusion und Täuschung gebaut sind. Es bedeutet eine Korruption von Gefühlen echter Anteilnahme durch ein mächtiges Lügengebilde, das sich wie eine tödliche Säure durch die Seelen frisst. Es bedeutet eine Vernebelung der Bewusstseine, die doch möglichst klar sein sollten, um «das Undenkbare» zu verarbeiten.

«Es ist schon eine wichtige magische Verrichtung, das Unwahre in der Welt so zu verbreiten, dass es wie das Wahre wirkt», sagte R. Steiner am 30. Januar 1917 im Hinblick auf das Wirken gewisser westlicher Geheimgesellschaften. Damit ist aber von einem okkult-politischen Gesichtspunkt aus viel mehr erreicht als durch die bloße Lüge, der gegenüber man vielleicht noch ein gesundes Misstrauen empfinden mag. «Denn in dieser Wirkung des ‹Unwahren wie des Wahren› liegt eine ungeheuere Kraft des Bösen. Und diese Kraft des Bösen wird von verschiedenen Seiten ganz gehörig ausgenützt.»[7]

4. «Ganz wundervolle Ergebnisse ...»

Letzteres ist aber nur möglich, wo die Bewusstseine eingeschläfert sind. Die schlimmsten «Schläfer» sind daher nicht die untergetauchten Kandidaten für künftige terroristische Selbstmordkommandos, sondern die Millionen von Bewusstseinsschläfern, die angesichts von Ereignissen wie den jüngsten in einen emotionalen Hass- und Schreckenstraum geraten statt zu

Franklin Delano Roosevelt und ein kritisches Werk

versuchen, den Tatsachen furchtlos und wach und vor allem mit Wahrheitssinn ins Auge zu blicken.

Solche «Schläfer» waren auch sämtliche europäischen Staatsmänner – allen voran die deutschen –, die wie aus einem kollektiven Reflex heraus der amerikanischen Regierung – ich sage nicht «*den* Amerikanern», unter denen ich sehr gute Freunde habe und die jeder anständige Mensch gegen ihre eigene Regierung in Schutz nehmen möchte – einen Blankoscheck für unabsehbare weltweite Rache- und Vergeltungsmaßnahmen ausstellten.

Damit haben diese Schläfer selber dazu beigetragen, ein Langzeitprojekt westlicher Politik der Verwirklichung um einen ganz entscheidenden Schritt näher zu bringen. Durch nichts ist das Projekt «Euroamerika» seit dem Fall der Berliner Mauer so gefördert worden wie durch die geradezu schwachsinnigen Solidaritätsbekundungen der Staatschefs der NATO-Länder mit den Zukunftsabsichten der US-Regierung. Das auf der programmatischen *Economist*-Karte (siehe S. 23) vom September 1990 konstruierte Euroamerika ist nun in das Stadium getreten, wo der politische Zement, mit dem der katholisch- oder evangelisch-«christliche» Teil Europas mit den USA geistig, politisch und militärisch zu einem festen Block vereinigt werden soll, verhärtet und verfestigt werden kann. Kein Ereignis hat das slawisch dominierte Euroasia damit so heftig von Euroamerika abgetrennt wie der 11. September. Kein Ereignis hat die Blockbildung von «Islamistan» so massiv vorangetrieben wie der 11. September. Kein Ereignis hat der US-Regierung – unter dem Applaus der hypnotisierten Staatsmänner Europas – die Vormachtstellung ihrer eigenen Rechtsprechung über sämtliche nationalen Rechtsstrukturen zugeschanzt wie der 11. September. Kein Ereignis hat den USA eine Festsetzung in den geopolitisch (sprich u.a. ölwirtschaftlich) wichtigen Gebieten Innerasiens ermöglicht wie der 11. September.

Sind das für die Langzeitplanung westlicher Politik nicht bereits «ganz wundervolle Ergebnisse», um mit McGeorge Bundy zu fragen?

5. Elf Fragen an den 11. September oder: Ist der Pearl-Harbor-Vergleich in schrecklichem Sinne exakt?

Wäre es nach den traurigen Ereignissen vom 11. September 2001 angesichts der von maßgeblicher US-Seite selbst in Vergleich gebrachten verlogenen Pearl-Harbor-Politik von 1941 nicht schläfrig und naiv, einfach vorauszusetzen, dass es sich auch bei diesen Ereignissen um eine totale «Überraschung» gehandelt haben muss, wie sämtliche Hofmedien lautstark beteuern?[8]

Einige Fragen könnten den unbefangenen Beobachter vor der vorschnellen Annahme der am lautesten und am häufigsten wiederholten Beteuerungen bewahren und ihn nachdenklich und vorsichtig stimmen:

1) Gibt es einen vernünftigen Grund, anzunehmen, Präsident Bush, dessen Vater lange Jahre wie William Casey CIA-Chef gewesen war, wie auch Leute wie Kissinger und Brzezinski seien

sich des wirklichen Charakters der Katastrophe von Pearl Harbor nicht bewusst?

2) Wieso kann die ganze Weltöffentlichkeit am Bildschirm verfolgen, wie Bush die Schreckensnachricht vor den schwarzen Schülern der Elementary School in Florida ins Ohr geflüstert wird (siehe Abb. S. 29)?

3) Wäre es bei einer derart gravierenden Mitteilung nicht naheliegend, den Präsidenten herauszurufen, um ihm die Nachricht in aller Stille mitzuteilen und ihm die Möglichkeit zu geben, sie zunächst einmal alleine statt vor der gesamten Weltöffentlichkeit zu verarbeiten?

4) Wieso wurden die Anschläge nicht verhindert, obwohl das FBI den beiden angeblichen Haupttattentätern Mohamed Atta und Marwan al-Shehhi dicht auf den Fersen war und sie in den letzten 12 Stunden praktisch lückenlos und dauernd überwachte (siehe Abb. S. 53)?

5) Wieso weiß man sofort nach den Anschlägen *beinahe alles* über Hintergrund, Ausbildungsorte usw. der Attentäter?

6) Wieso sind weder von Bush noch von Cheney noch anderen maßgeblichen Regierungsmitgliedern die Sicherheitsbehörden ob dieses katastrophalen Versagens ernsthaft gerügt worden?

7) Oder war es gar kein Versagen?

8) Was veranlasste Präsident Bush dazu, am 7. Juni 2001 einen «Asiatischen Flottengedenktag» auszurufen und dabei des Angriffs auf Pearl Harbor zu gedenken, «der Amerika in den Zweiten Weltkrieg stieß»?

9) Was veranlasste Präsident Bush dazu, am 26. September 2001 dem Hauptquartier der CIA in Langley, Virginia, einen offiziellen Besuch abzustatten – es ist der zweite während seiner Amtszeit – und dem CIA-Chef George Tenet und den versammelten Angestellten in jovial-fröhlicher Stimmung vor laufender Kamera seinen ausdrücklichsten Dank für die bisher geleistete Arbeit abzustatten? Ohne auch nur den leisesten Tadel im Zusammenhang mit den Ereignissen vom 11. September anzu-

bringen und stattdessen wiederholt vom neuen Krieg zu sprechen. Wörtlich sagte er: «*Der 11. September ist eine traurige Erinnerung; doch er ist Erinnerung* (...) *Ich kann Ihnen im Namen des amerikanischen Volkes gar nicht genug danken (...)*»

10) Weshalb ruft Bush den 6. Oktober zum «German-American Day» aus?

11) Gibt es einen Grund zur Annahme, dass die Politik Bushs (wie auch die seines Vaters, der mit einem verlogenen Vorwand den Golfkrieg eröffnete[9]) weniger mit Lüge geschmiert werden muss als die von Roosevelt? Schon die schamlose Berufung auf Pearl Harbor beweist das Gegenteil. Oder sprach man – noch viel schamloser – eine fürchterliche Wahrheit offen aus?

Man braucht kein sogenannter Verschwörungstheoretiker zu sein, um solche Fragen aufzuwerfen. Man braucht nur ernstzunehmen, was der US-Präsident vor, während und nach den Ereignissen vom 11. September für eine Rolle spielte; man braucht nur ernstzunehmen, was für die amerikanische Politik maßgebliche Persönlichkeiten als den wichtigsten Präzedenzfall der amerikanischen Geschichte angegeben haben.

6. Auf der Suche nach der wahren Einstellung gegenüber dem Bösen

Wer die Katastrophe vom 11. September, die also auch eine Katastrophe der Unwahrheit und Lüge ist, emotionslos und besonnen zu verstehen trachtet, der muss sich in die Lage bringen, dem Bösen gegenüber einen objektiven Standpunkt einzunehmen. Dazu ist kein Mensch imstande, solange er Bin Laden, den Terrorismus überhaupt oder auch die amerikanische oder sonst eine Regierung *hasst* oder solange er sich durch die neuesten Bio-Terror-Meldungen *Angst* einjagen lässt. Dazu gehört, dass man einsehen lernt, inwiefern das Böse immer nur ein von der spirituellen Weltregierung – der auch die böseste irdische Regierung untergeordnet bleibt – *zugelassenes* Böses ist. Mephisto «*muss* als Teufel schaffen», heißt es im Prolog des *Faust* – damit des Menschen Tätigkeit niemals «erschlaffe». Es gilt einzusehen,

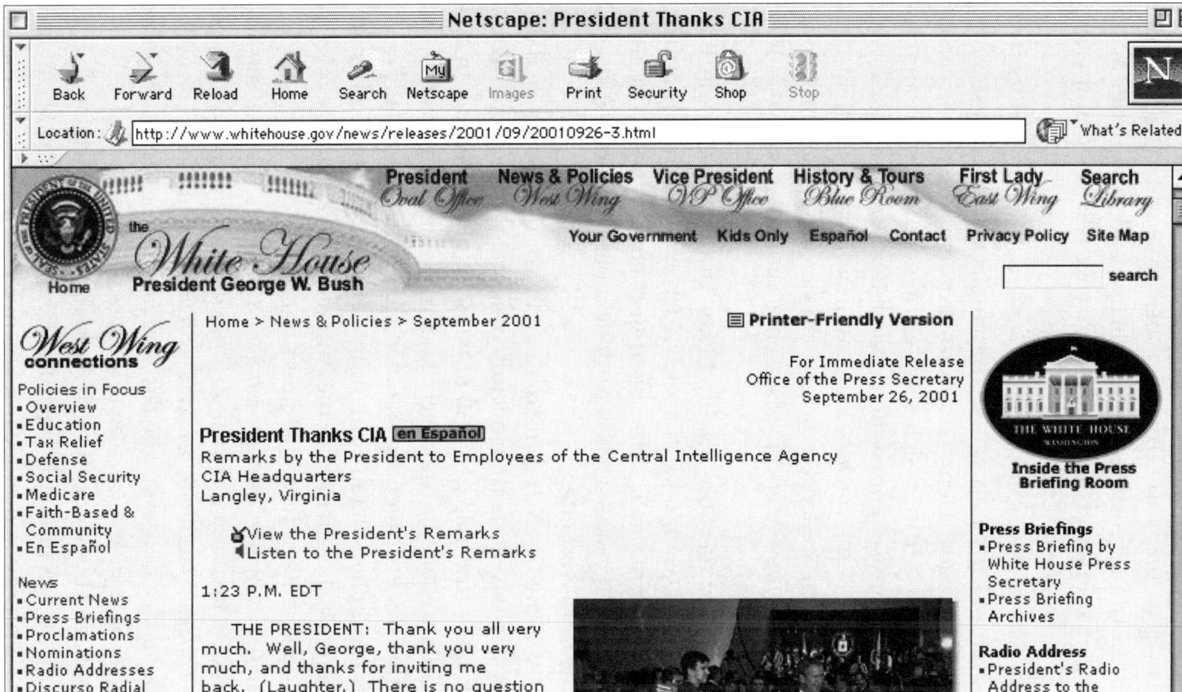

Dokument vom 26.9.2001 aus dem Weißen Haus im Internet

dass es im Weltenplan kein *absolutes* oder *ewiges* Böses gibt. Das Böse, mag es noch so schlimm toben und wüten, gehört der Evolution nur an, insofern sie zeitlicher und räumlicher Natur ist. Es gibt kein *ewiges* Böses, ebensowenig wie es einen quadratischen Kreis geben kann.

Dem Bösen «Ewigkeitscharakter» zuzuschreiben kann gewissen bösen Mächten als «gut» erscheinen und ihr Wirken zeitweise begünstigen. Denn dadurch wird dem Bösen eine Macht verliehen, vor der man sich sehr leicht zu fürchten anfängt; es wird «grenzenlos», «unendlich», vielleicht «unbesiegbar». Wer sich vor dem Bösen *fürchtet*, kann es nicht in seiner Objektivität und in seinem Stellenwert innerhalb der Gesamtevolution betrachten und bewerten. Ebensowenig kann dies, wer das Böse hasst.

Die Lüge ist das Böse des Intellekts; Unmoralität ist das Böse des Willens. Das eine kann aber wiederum subtil in das andere übergehen, denn auch dem Lügen liegt ein Willensakt zugrunde. Andererseits kann auch der Intellekt der Unmoralität zu großer Raffinesse verhelfen.

Die radikale Überwindung der Furcht vor dem Bösen und des Hasses auf das Böse ist eine fundamentale Voraussetzung zu seiner erkenntnismäßigen und moralischen Bewältigung. In diesem Sinn stellen die traurigen Ereignisse der Gegenwart eine mächtige Herausforderung an einen jeden Menschen dar. Durch nichts kann diese Herausforderung vielleicht am besten bestanden werden, als indem man die Aufmerksamkeit auf die folgenden Kerngedanken Rudolf Steiners richtet:

«Alles, was im Weltenplane ist, ist gut, und das Böse hat nur seinen Bestand durch eine gewisse Zeit hindurch. Daher glaubt nur der an die Ewigkeit des Bösen, der das Zeitliche mit dem Ewigen verwechselt; und daher kann derjenige das Böse niemals verstehen, der nicht aufsteigt von dem Zeitlichen zu dem Ewigen.»[10]

Wer diese Unterscheidung zwischen Zeit und Ewigkeit – und den mit ihr zusammenhängenden Unterschied von Seele und Geist – immer wieder gedanklich durchführt, sich in diesen

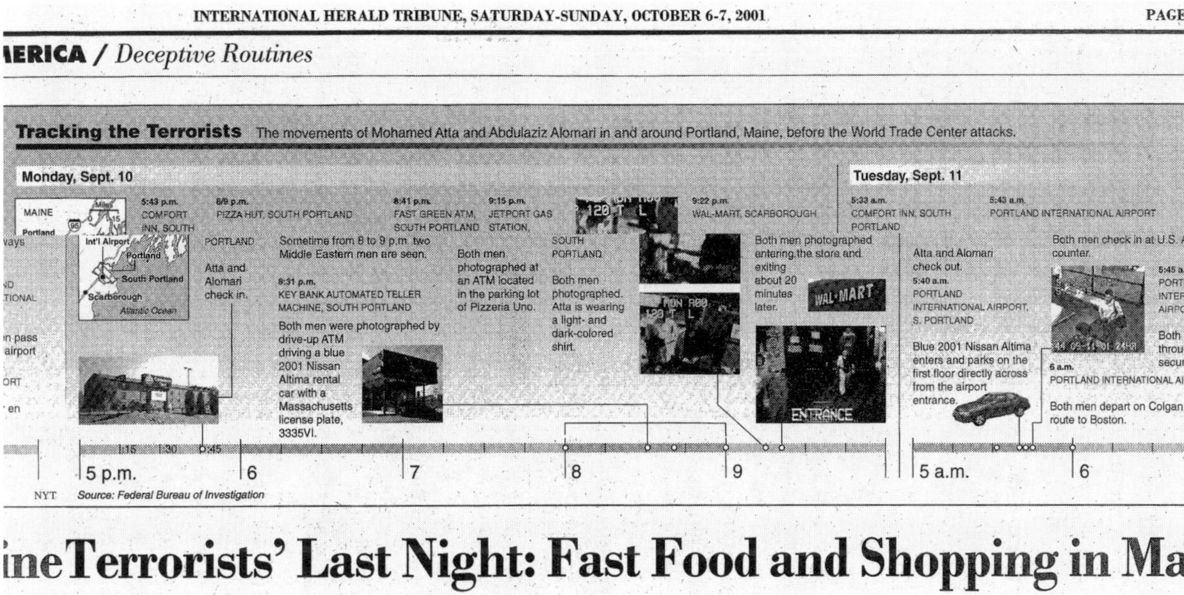
INTERNATIONAL HERALD TRIBUNE, SATURDAY-SUNDAY, OCTOBER 6-7, 2001 PAGE 3

ERICA / *Deceptive Routines*

Tracking the Terrorists The movements of Mohamed Atta and Abdulaziz Alomari in and around Portland, Maine, before the World Trade Center attacks.

Monday, Sept. 10

5:43 p.m. COMFORT INN, SOUTH PORTLAND

Atta and Alomari check in.

8/9 p.m. PIZZA HUT, SOUTH PORTLAND

Sometime from 8 to 9 p.m. two Middle Eastern men are seen.

8:31 p.m. KEY BANK AUTOMATED TELLER MACHINE, SOUTH PORTLAND

Both men were photographed by drive-up ATM driving a blue 2001 Nissan Altima rental car with a Massachusetts license plate, 3335VI.

8:41 p.m. FAST GREEN ATM, SOUTH PORTLAND

Both men photographed at an ATM located in the parking lot of Pizzeria Uno.

9:15 p.m. JETPORT GAS STATION, SOUTH PORTLAND

Both men photographed. Atta is wearing a light- and dark-colored shirt.

9:22 p.m. WAL-MART, SCARBOROUGH

Both men photographed entering the store and exiting about 20 minutes later.

Tuesday, Sept. 11

5:33 a.m. COMFORT INN, SOUTH PORTLAND

Atta and Alomari check out.

5:40 a.m. PORTLAND INTERNATIONAL AIRPORT, S. PORTLAND

Blue 2001 Nissan Altima enters and parks on the first floor directly across from the airport entrance.

5:43 a.m. PORTLAND INTERNATIONAL AIRPORT

Both men check in at U.S. Air counter.

5:45 a.m. PORTLAND INTERNATIONAL AIRPORT

Both men pass through security

6 a.m. PORTLAND INTERNATIONAL AIRPORT

Both men depart on Colgan Air route to Boston.

5 p.m. 6 7 8 9 5 a.m. 6

NYT Source: Federal Bureau of Investigation

ine Terrorists' Last Night: Fast Food and Shopping in Mai

Die angeblichen Hauptattentäter wurden vom FBI in den letzten 12 Stunden praktisch lückenlos überwacht
(International Herald Tribune)

Unterschied immer wieder meditativ versenkt, der wird auch gegenüber den nur allzuleicht die Emotionen aufwühlenden Ereignissen wie denjenigen der Gegenwart einen Standpunkt gewinnen können, der ihm allmählich sowohl ein besonnenes Betrachten wie auch – und sei's in noch so bescheidenem Maße – ein helfendes Eingreifen in den Gang der Ereignisse ermöglicht.

Dieser Artikel erschien erstmals im *Europäer*, Jg. 6, Nr. 1, November 2001.

---

1 «Die Wahrheit ist groß und wird siegen»: Motto in dem Buch *FDR – The Other Side Of The Coin – How we were tricked into World War II* von Hamilton Fish. Fish war der Sohn eines Kongressabgeordneten, der Enkel eines Gouverneurs von New York und Außenministers, der Urenkel eines Leutnants in der Armee Washingtons und Freunds von Lafayette. Er promovierte in Harvard in Politikwissenschaft und Geschichte und diente bis 1945 im Kongress als republikanischer Abgeordneter. Fishs Geburtsdatum ist der 7. Dezember, der spätere Tag des Angriffs der Japaner auf Pearl Harbor.

2 *Time*, September 11, 2001.

3 Dokumentation im SF, September 2001, Archiv des *Europäers*. Stabschef Card, der Bush die Schreckensnachricht ins Ohr flüsterte, war auch auf diesem Flug.

4 Siehe den ersten Teil dieses Artikels in der Oktobernummer.

5 *Le Temps*, 13. September 2001.

6 Ein weiterer Kronzeuge des Geschehens von Pearl Harbor ist Admiral Kimmel, der Flottenbefehlshaber von Hawaii, dem sämtliche entscheidenden Informationen vor dem 7. Dezember 1941 systematisch vorenthalten wurden. Sein Buch *Admiral Kimmel's Story* erschien 1955 in New York. – Auch Karlheinz Deschner bringt eine wahre Version der Pearl-Harbor-Ereignisse zur Sprache, in seinem Buch *Der Moloch. Zur Amerikanisierung der Welt*, Stuttgart 1992, S. 259ff.

7 *Zeitgeschichtliche Betrachtungen*, Bd. 1, GA 173 (vergriffen).

8 In diesem Falle hätten gewisse Kreise die Aufgabe übernommen, sich des terroristischen Potentials zu bedienen, die Vorbereitungen zu den Selbstmordattentaten zu überwachen und durch eine «covert operation» dafür zu sorgen, dass sie dennoch nicht verhindert werden.

Der Vergleich mit Pearl Harbor würde damit eine weitgehende Exaktheit erhalten.
Andreas von Bülow, Mitglied des Bundestages, Staatssekretär, Bundesminister für Forschung und Technik bis 1982, sprach in einer Fernsehdiskussion (Club, SF2, 13. Oktober 2001) die Vermutung aus, die Arbeit des weitgehend informierten FBI müsse an einem bestimmten Punkt durch die CIA «neutralisiert» worden sein. Bülow ist Verfasser des Buches *Im Namen des Staates – CIA, BND und die kriminellen Machenschaften der Geheimdienste*, München 2000.

9 Die amerikanische Botschafterin April Glaspie führte den Irak im Juli 1990 im Auftrag von James Baker durch die Versicherung irre, die USA betrachteten einen Einmarsch des Irak in Kuweit als interne Angelegenheit des Irak. Nach dem Einmarsch inszenierten die USA eine ungeheuerliche Brutkastenstory, mit der die öffentliche Stimmung zugunsten eines amerikanischen Eingriffs gewendet werden konnte. Siehe Deschner, op.cit., S. 368ff.

10 Rudolf Steiner am 22. März 1909, GA 107.

Die linksstehende Karikatur erschien bereits 1945 in einem New Yorker Magazin. Unser Karikaturist wollte zeigen, was herauskommen kann, wenn man den von führenden US-Persönlichkeiten gezogenen Vergleich mit Pearl Harbor wirklich ernst nimmt.

4.

Der 11. September 2001 und Pearl Harbor

Notwendige Konsequenzen
eines weit verbreiteten Vergleichs

Präsident Bush diktierte am Abend des 11. September 2001 in ein Kriegstagebuch: «Heute fand das Pearl Harbor des 21. Jahrhunderts statt.»[1]

Der sofort nach den Anschlägen vom 11. September 2001 von offizieller amerikanischer Seite gemachte Vergleich mit dem japanischen Angriff auf den US-Pazifikstützpunkt von Pearl Harbor ist keineswegs nur episodischer Natur. Er ist für die ganze Art der Fragestellung in Bezug auf den 11. September und seine weltpolitischen Folgen richtungsweisend. Er wirkt maßgebend bis in die Arbeit der offiziellen Untersuchungskommission hinein und prägt weltweit das öffentliche Bewusstsein.

«Ein glühender amerikanischer Zorn»

Jedem durchschnittlich gebildeten Amerikaner tritt beim Stichwort «Pearl Harbor» das Bild des im Kongress auftretenden Präsidenten Roosevelt vor Augen, der mit vor Pathos und Entrüstung zitternder Stimme vom *Day of Infamy* (Tag der Schande) sprach, um die bisher kriegsunwillige Nation zu einem Feldzug gegen Japan und Nazideutschland zu entflammen. Und zwar mit Erfolg, wie die Geschichte zeigt.

Die Parallele wurde auch von Zbigniew Brzezinski und anderen einflussreichen Amtsträgern oder Insidern der US-Regierung gezogen. Das *Time*-Magazin erließ in der Woche nach den Anschlägen an jeden amerikanischen Bürger in fetten Lettern folgenden Aufruf: «Was jetzt nötig ist, ist ein einheitlicher, vereinigender Pearl Harbor-artiger glühender amerikanischer Zorn – eine rücksichtslose Empörung, die sich nicht in ein, zwei Wochen schon wieder verflüchtigt hat.» Dieser Aufruf rührte an die einzige vergleichbare traumatische Wunde im Bewusstsein des amerikanischen Volkes, die dieses Volk, sonst unbesieglich, je empfangen hatte.

Genau wie nach Pearl Harbor stand über Nacht die ganze Nation hinter ihrem Präsidenten, diesmal hinter einem solchen, der bis dahin vor allem durch private Fehlinvestitionen und öffentliche Sprechblamagen von sich reden gemacht hatte. Eine aus dem Zylinder gezauberte Pauschalerklärung befriedigte das Volksgemüt. Genaue Abklärungen über Täterschaft und Tathergang waren überflüssig. Auf zum Kreuzzug gegen den islamischen Terrorismus.

Hofliteratur oder unabhängige Forschung?

Über den japanischen Angriff auf Pearl Harbor gibt es, wie über fast alle wichtigen historischen Ereignisse, tendenziell zweierlei Literatur: die von den jeweiligen Machthabern abhängige und über populäre Medien bis in akademische Kreise hineinwirkende «Hofliteratur», auf die sich der Vergleich mit dem 11. September stützt, und die Literatur unabhängiger Historiker und Publizisten, die ihn in völlig anderem Licht erscheinen lassen muss.

Die unabhängige Forschung zeigt: Der Überfall wurde von der Roosevelt-Administration durch eine Reihe politischer und wirtschaftlicher Schritte provoziert. Ort und Zeitpunkt der Attacke waren der US-Regierung, die die japanischen Codes geknackt hatte, mindestens Monate (Ort) resp. eine Woche (Zeit) im Voraus detailliert bekannt. Den Befehlshabern auf Hawaii, General Short und Admiral Kimmel, wurden jedoch die auf den bevorstehenden Angriff weisenden *relevanten* Informationen vorenthalten. Die am 8. Dezember 1941 durch die Medien verbreitete unwahre Darstellung der Ereignisse verwandelte die bisherige Kriegsablehnung in Kongress und Volk augenblicklich in eine landesweite Befürwortung des Kriegsengagements.

Wer meint, Roosevelts Opfer von 3000 US-Bürgern sei unbedingt gerechtfertigt gewesen, da es als Mittel zu einem heiligen Zweck gedient habe – der Befreiung der Welt vom Hitlerismus –, möge bedenken, dass Letzterer zuvor u.a. mit Kräften der US-Wirtschaft und -Politik maßgeblich mit aufgebaut worden war.[2]

Von den unabhängigen *amerikanischen* Pearl-Harbor-Forschern seien genannt: George Morgenstern, Charles A. Beard, Charles C. Tansill, Harry Elmer Barnes, Admiral Kimmel, Hamilton Fish.[3]

Verschwörungsliteratur?

Allzu stark an die Hofversion gewöhnte Leser, die nun vielleicht die Geduld verlieren und zur Keule «Verschwörungsliteratur» greifen möchten, seien auf ein weiteres Werk aus jüngster Zeit verwiesen: das Buch des Amerikaners Robert Stinnett *Day of Deceit. The Truth about FDR and Pearl Harbor*. Der Titel der kürzlich bei Zweitausendundeins erschienenen deutschen Ausgabe lautet: *Pearl Harbor. Wie die amerikanische Regierung den Angriff provozierte und 2476 ihrer Bürger sterben ließ*. Immerhin: Sogar die *New York Times*, die sonst eher die Hofliteratur und den Hofjournalismus zu begünstigen pflegt, musste zugeben: «Dieses lückenlos dokumentierte Buch bringt die letzten *angeblichen* Tatsachen über Pearl Harbor ins Wanken.»[4]

«... nur dass es sich nicht um die Japaner handelt, sondern um Al-Qaida.»

Trotz dieses «Wankens» schwört die nur auf Druck der Öffentlichkeit im Herbst 2002 verspätet gebildete *National Commission on Terrorist Attacks Upon the United States* auf die klassische Version der Unwahrheit. Führende Kommissionsmitglieder beriefen sich schon in der Eröffnungssitzung auf ein Buch, das kein Geringerer als Donald Rumsfeld *seit Jahren* jedem in die Hand drückt, der ihm über den Weg läuft: Roberta Wohlstetters in den 60er Jahren erschienenes Werk *Pearl Harbor – Warning and Decision*.[5] Harry Elmer Barnes nannte Wohlstetters Buch ein Musterbeispiel für das, was er als die Methode des «historischen Blurout» bezeichnet. Er meint damit, dass sogar unter Einbeziehung von Elementen, die der Grundthese der «Überraschung» direkt widersprechen, dennoch der Gesamteindruck einer solchen hervorgerufen wird. Genau wie nach Pearl Harbor, so soll auch nach dem 11. September nur gefragt werden: Wie konnten wir überrascht werden? Nur dass es sich jetzt «nicht um eine Krise des Kalten Krieges und auch nicht um die Japaner handelte, *sondern um Al-Qaida*.»[6]

Albert Wohlstetter, Paul Wolfowitz und Richard Perle
Roberta Wohlstetter war übrigens die Gattin von Albert Wohlstetter, einem Mathematiker und einem der geistigen Väter des Star-War-Programms. Laut einem Nachruf war der 1997 im Alter von 83 Jahren verstorbene Wohlstetter «der einflussreichste *unbekannte* Mann der Welt im vergangenen halben Jahrhundert.»[7]

Wohlstetter war ein Vordenker von Präventivschlägen mit chemischen «smart bombs». Er war der unbestrittene Führer des «Teams der Falken», das «zu militärischen Schritten aus atemberaubender Kreativität und Imagination drängte». Zu seinen engsten Protégés gehörten Paul Wolfowitz und Richard Perle; Letzterer wurde sogar sein Schwiegersohn. So bewegte sich die Linie der Pearl-Harbor-Lüge jahrzehntelang durch ein erstaunliches Umfeld von einflussreichen Persönlichkeiten und bekam auch dadurch eine zähe Konsistenz.

Konsequenzen
Wenn Pearl Harbor wirklich ein Präzedenzfall zum 11. September war, dann muss der gegenwärtigen Administration in Bezug auf ihre eigenen Bürger selbstverständlich dieselbe Skrupellosigkeit zugetraut werden wie der Roosevelt-Administration.

Wird der von ihr gestreute Vergleich wirklich ernst genommen, so wird das erstens zu einem realistischen Einblick in die tatsächliche Struktur der US-Politik führen, zweitens der erneut schamlos ins Spiel gebrachten Pearl-Harbor-Lüge selbst das Genick brechen und drittens den Weg zu einer unabhängigen umfassenden Untersuchung der Verbrechen vom 11. September freimachen.

(Wie wird das amerikanische Volk einmal auf seine Regierungen blicken, nachdem es aus seinen Illusionen erwacht sein wird?)

Wege zur richtigen Fragestellung
Kein vernünftiger Mensch wird leugnen, dass die Japaner 1941 Hawaii angriffen. Doch die US-Administration hätte den (von

ihr provozierten) Angriff parieren, wenn nicht vereiteln und damit das Leben ihrer eigenen Bürger schonen können – und hat dies aus Weltmachtambitionen heraus unterlassen. So lautet auch beim 11. September die Hauptfrage nicht: Waren es die Al-Qaida-Islamisten? Sondern: Wer führte die Oberregie? (Und die kann ganz woanders liegen.) Diese Frage ist durch die Träger amerikanischer Machtpolitik mit dem von ihnen verbreiteten Pearl-Harbor-Vergleich selbst herausgefordert worden, nicht durch irgendwelche «Verschwörungstheoretiker».

Den Weg zur Lösung dieser naturgemäß komplexen Frage offenzuhalten ist das Hauptverdienst von Autoren wie Gerhard Wisnewski, Andreas von Bülow, Michael C. Ruppert, Achmed Naafez, Gore Vidal, Thierry Meyssan und vielen anderen. Auch wenn sie sich in Einzelheiten irren können.

Dieser Artikel ist am 17. Oktober 2003 in der *Basler Zeitung* erschienen.
Eine ausführlichere Fassung erschien im *Europäer*, Jg. 7, Nr. 12, S. 8ff.
(Siehe Archiv des Verlages, www.perseus.ch.)

---

1 Bob Woodward, *Bush at War – Amerika im Krieg*, Hamburg 2003. S. 52.

2 Siehe u.a. Anthony Sutton, *Wallstreet and the Rise of Hitler*, Suffolk (GB) 1976.

3 Ausführliche Literaturangaben in: *Der Europäer*, Jg. 7, Nr. 12.

4 A.a.O.

5 Woodward, op.cit., S. 38.

6 Public Hearing 31. 3. 2003, siehe www.9-11commission.gov/

7 «January 16, 1997: Albert Wohlstetter, R.I.P.», www.polyconomics.com/searchbase/fyi01-16-97.html

5.

«Die Verlogenheit als Grundeigenschaft unserer Zeit ...»

Anmerkungen zur gegenwärtigen Weltlage

Verlogenheit als Grundzug des öffentlichen Lebens

Rudolf Steiner hat schon im Jahre 1920 die «Verlogenheit als die Grundeigenschaft des ganzen öffentlichen Lebens unserer Zeit»[1] bezeichnet. Diese Grundeigenschaft ist seither, vor allem im politischen Leben, noch dominanter geworden. Der Hitlerismus baute auf Lügen, der Bolschewismus baute auf Lügen. Der politische Amerikanismus baute nicht nur in der Vergangenheit, sondern baut besonders in der Gegenwart auf Lügen. Nach dem Kollaps der erstgenannten gigantischen Lügensysteme kann die «einzige Weltmacht» (Zbigniew Brzezinski) sogar gewissermaßen völlig konkurrenzlos lügen.

Das Prinzip gezielter Provokation

Im Folgenden ein paar Fakten zur US-Politik und deren *antiamerikanischen* Charakter, denn diese Politik belügt und schädigt nicht zuletzt die eigenen US-Bürger.[2]

- Der Überfall der Japaner auf Pearl Harbor (7. Dezember 1941), der bekanntlich den Eintritt der USA in den Zweiten Weltkrieg zur Folge hatte, war – im völligen Gegensatz zur offiziellen Darstellung – kein Überraschungsangriff, sondern von der Roosevelt-Administration gezielt provoziert worden, um durch den «Day of Infamy» Kongress und Bevölkerung der USA kriegswillig zu stimmen. Der amerikanische Schriftsteller und Publizist Gore Vidal spricht von einer «faustdicken Lüge»: «Roosevelt (dessen Innenpolitik – New Deal ich bewundere) provozierte die Japaner vorsätzlich, damit sie uns in Pearl Harbor angriffen.»[3]
- Der «Zwischenfall im Golf von Tonking» (2. August 1964) veranlasste die schlagartige Ausweitung des Vietnamkriegs. Zwei nordvietnamesische Torpedoboote sollen den amerikanischen Zerstörer «Maddox» angegriffen haben. Der «Zwischenfall» führte zur Tonking-Resolution im Sicherheitsrat und löste die Flächenbombardierungen Nordvietnams aus. Der Torpedo-«Zwischenfall» war eine reine Erfindung der USA. Die Nachricht wurde interessanterweise zuerst über AP aus *Pearl Harbor* verbreitet.[4]

- Zbigniew Brzezinski brüstete sich in einem Interview damit, dass es die CIA gewesen sei, die in Afghanistan die Rebellen gegen Moskau unterstützt und dadurch die Russen in ihr «Vietnam» gelockt habe.
- Die US-Botschafterin April Glaspie versicherte am 25. Juli 1990 der irakischen Regierung, dass sich die USA in den irakisch-kuwaitischen Konflikt nicht einmischen würden. Nach der Invasion Kuwaits legte die US-Regierung scharfen Protest ein und drohte mit Intervention.
- Am 10. Oktober 1990 trat die Tochter des kuwaitischen Botschafters vor den Menschenrechtsausschuss des Kongresses und berichtete mit tränenerstickter Stimme von den Gräueltaten irakischer Soldaten in Kuwait. Die «Brutkasten-Story» war geboren. Irakische Soldaten hätten Hunderte von Babies aus Brutkästen gezerrt und sie in einen qualvollen Tod gerissen. Hinter dieser Story stand ein 10-Millionen-Dollar Auftrag an die größte amerikanische Public-Relation-Firma Hill & Knowlton. Amnesty International hat den «Irrtum» später richtiggestellt. Doch der antiirakische Stimmungseffekt war erreicht und führte zwei Tage darauf zur Irak-Resolution im Sicherheitsrat – grünes Licht für den letzten Golfkrieg.

Von Pearl Harbor zum 11. September 2001

Schon am Tag der Katastrophe von New York wurde der Vergleich mit dem Überfall auf Pearl Harbor gezogen, erstmals wohl im Präsidentenflugzeug Airforce One, dann auch von Brzezinski und anderen. Diese sofort von den Medien breitgewalzte und starke Emotionen weckende «Parallele» hat jeden, der den wahren Sachverhalt um Pearl Harbor kennt und nicht nur die «offizielle Version» oder den Hollywoodstreifen, der im Sommer 2001 in die Kinos kam, hellhörig machen können. (Ebenso wie die handfesten Verbindungen zwischen der CIA, dem pakistanischen Geheimdienst, Al-Qaida und der Finanzierung von Mohamed Atta, dem Chef-Hijacker; oder die handfesten Geschäftsverbindungen der Familien Bush und Laden.)

Der 11. September ist *zu Recht* mit Pearl Harbor verglichen worden. Der Vergleich ist in einem entsetzlichen Sinne zutreffend. Im Sinne des skrupellosen Kommentars des Kennedy- und Johnsonberaters McGeorge Bundy über den US-Machtzuwachs dank der Katastrophe von Pearl Harbor: «Es war ein schrecklicher Tag, aber er hatte ein ganz wundervolles Ergebnis.»[5]

«Nach unverhohlenen Machtkonzepten handeln»

Wer sich den in solchen Worten anklingenden Grundzug der US-Außenpolitik klarmachen will, braucht nur die jahrzehntelang als top secret behandelten Richtlinien zu lesen, die George Kennan, Leiter der Planungsabteilung des US-Außenministeriums, im Jahre 1948 festgelegt hatte. In Kennans «Planungsstudie 23» heißt es u.a.: «Wir haben etwa 50% der Reichtümer der Welt, aber nur 6,3% ihrer Bevölkerung (...) Bei diesem Sachverhalt müssen wir der Gegenstand von Neid und Scheelsucht sein. In der nächsten Zeit besteht unsere eigentliche Aufgabe darin, ein Beziehungsmuster zu entwerfen, das es uns erlaubt, diese Ungleichheit aufrechtzuerhalten (...) Dazu müssen wir alle Sentimentalität und Tagträumerei von uns abtun, und unsere Aufmerksamkeit muss überall auf unsere nächstliegenden nationalen Ziele konzentriert bleiben (...) Wir sollten aufhören, über so vage und (...) unwirkliche Ziele wie Menschenrechte, die Hebung des Lebensstandards und Demokratisierung zu reden. Der Tag ist nicht fern, an dem wir nach unverhohlenen Machtkonzepten werden handeln müssen. Je weniger uns dann idealistische Schlagworte hemmen, desto besser.»[6]

Hier trat die Stoßrichtung der US-Außenpolitik einmal erfreulicherweise in unverhohlener Weise ans Licht.

Der erste vorwandlose US-Krieg

Wer mit der Stoßkraft solcher Richtlinien rechnet, wird sich nicht wundern über den gegenwärtigen Umgang der einzigen Weltmacht mit «Menschenrechten» oder mit den humanitären Zielsetzungen der UNO und ihren «idealistischen Schlagwor-

Almost a joke

America is at this moment developing advanced systems of «weapons of mass destruction» and is prepared to use them where it sees fit. It has more of them than the rest of the world put together. It has walked away from international agreements on biological and chemical weapons, refusing to allow inspection of its own factories. The hypocrisy behind its public declarations and its own actions is almost a joke.

Worte des englischen Schriftstellers und Dramatikers ***Harold Pinter*** *vor dem britischen Unterhaus, Oktober 2002*

ten». Der jetzige Krieg ist der Beweis für den traurigen Fortschritt der US-Politik in den letzten fünfzig Jahren. Sie hat den Punkt wirklich erreicht, an dem sie sich durch keinerlei «idealistische Schlagworte» mehr in irgendeiner Weise hemmen lässt.

Saddam Hussein ist ein Schurke, gewiss. Das war auch der CIA bewusst, als sie ihn Ende der 60er Jahre zu stützen und benützen begann. Aber er war eben zunächst ein nützlicher Schurke. Die US-Politik instrumentalisiert überall nützliche Schurken. Das gehört zu ihrer Technik. Hussein ist ein Hurensohn, hieß es damals, aber er ist *unser* Hurensohn. Seit Ende der 80er Jahre ist er nicht mehr «unser» Hurensohn. Das ist der ganze Unterschied. Deshalb muss er weg. Und koste es das Leben von Hunderttausenden von Zivilisten. Das heißt ungehemmtes Handeln nach «unverhohlenen Machtkonzepten».

Die einzige Weltmacht brach nun zum ersten Mal einen Krieg vom Zaun, ohne erst ein *glaubhaftes* moralisches Mäntelchen fabriziert und die moralische Entrüstung der Öffentlichkeit gegen einen Feind *mit Erfolg* mobilisiert zu haben. Das ist das Neue und Erschreckende an der gegenwärtigen Weltlage. Das Regime mit den schlimmsten Massenvernichtungswaffen des Planeten bedroht die Sicherheit der ganzen Welt. Umso verlogener, wenn die wild und hemmungslos gewordene US-Junta ihre brutalen

Welteroberungskriege dabei in Herrgottspose als gerechte Ausgießung apokalyptischer Zornesschalen auszugeben sucht.

Freies Informationswesen aus der Schweiz?

Diesen Entwicklungen kann nur etwas entgegengesetzt werden, wenn sie klar ins Auge gefasst werden. Und wenn man sich nicht von «idealistischen» oder pseudoreligiösen «Schlagworten» benebeln lässt. Dazu muss ein wahrheitsorientiertes Geistesleben entwickelt werden. Auf der Ebene der öffentlichen Berichterstattung würde das heißen: ein unabhängiges Informationswesen zu schaffen. (Rudolf Steiner wollte während des Ersten Weltkriegs in Zürich eine *neutrale* Informationsstelle errichten, was vonseiten der deutschen OHL vereitelt wurde.) Die Möglichkeiten dazu wären gerade in einem bis zu einem gewissen Grade noch neutralen Land wie der Schweiz vorhanden. Sie werden allerdings verschwinden, wenn sich in der Schweiz der Glaube an das «Isolationsgespenst» noch tiefer einwurzelt und vollends dem Wahn Platz macht, vor allen Dingen in der Einbindung in letztlich von den USA dominierte politische und militärische Bündnisstrukturen (wie EU oder NATO) das Heil suchen zu müssen.

Dieser Artikel ist am 9. April 2003 in der *Basler Zeitung* erschienen.

---

1 Am 21. 8. 1920.

2 Nafeez M. Achmed, *Geheimsache 09/11 – Hintergründe über den 11. September und die Logik amerikanischer Machtpolitik*, Riemann, 2003.

3 Gore Vidal, *Bocksgesang – Antworten auf die Fragen vor und nach dem 11. September*, Hamburg 2003, S. 103.

4 Barry Zwicker in: *September 2001, Coverup or Complicity*, www.global-research.ca

5 *GEO*, Mai 2001, S. 89.

6 Zitiert nach N. Chomsky, *Was Onkel Sam wirklich will*, Zürich 1993.

6.

Michael C. Ruppert – ein amerikanischer Sucher nach der Wahrheit

Michael C. Ruppert wurde 1951 in eine Familie hineingeboren, die eng mit der politischen, militärischen und geheimdienstlichen Sphäre Amerikas verbunden ist. Sein Vater war als Pilot im Koreakrieg, seine Mutter arbeitete in einer Dechiffrierabteilung der Armee, Verwandte des Vaters waren für den OSS, eine Vorläuferorganisation der 1947 gegründeten Central Intelligence Agency, und schließlich auch für die CIA selbst tätig. Schon dem Jungen war infolge der Tätigkeit der Mutter klar, dass der japanische Überfall auf Pearl Harbor am 7. Dezember 1941 kein Überraschungsangriff war, sondern, von der Roosevelt-Administration bewusst provoziert, in allen wesentlichen Vorbereitungsstadien verfolgt werden konnte, da es Washington mit Hilfe der Briten gelungen war, nicht nur die Armee-, sondern auch die Marinecodes der Japaner zu knacken.

Ruppert studierte politische Wissenschaften und schloss 1973 an der Universität von Kalifornien (UCLA) mit Auszeichnung ab. Danach arbeitete er in der Rauschgiftabteilung des Polizeidepartements von Los Angeles.

1977 entdeckte er bei Recherchen, dass die CIA in den Drogenhandel verwickelt war. Als Ruppert seine Entdeckung publik machen wollte, stieß er auf Widerstand. Zunächst versuchte man, ihn als «case officer» der CIA [höchste der zahlreichen Stufen der für den Dienst Tätigen] anzuwerben, um ihn nach entsprechender Ausbildung wieder in das Polizeidepartement von Los Angeles zurückzuschleusen. Als Ruppert sich auf dieses Angebot nicht einließ, verlor er seine Stellung, obwohl er höchstmögliche Leistungsberichte erhalten hatte und kein Disziplinarverfahren gegen

Michael C. Ruppert

ihn vorlag. Erst achtzehn Jahre später gelang es ihm, den damaligen CIA-Direktor John Deutch in einer öffentlichen, vom Landesfernsehen ausgestrahlten Konfrontation im Zusammenhang mit drei konkreten Drogenprojekten der CIA zur Rede zu stellen. Deutch gab mit gewundenen, phrasenhaften Wahrheitsbeteuerungen eine derart unglaubwürdige Figur ab, dass er seinen Auftritt mit dem Verzicht auf die Nominierung als Verteidigungsminister der Clinton-Administration bezahlen musste.

Ruppert gibt seit 1998 die Internet-Zeitschrift *From The Wilderness* («Aus der Wildnis») heraus, die inzwischen Tausende von Abonnenten in 32 Ländern hat, darunter Mitglieder des US-Kongresses und Universitätsprofessoren. Darin erscheinen von ihm oder von Mitarbeitern verfasste Berichte über die aktuelle Weltlage. Besondere Aufmerksamkeit schenkte Ruppert in der Vergangenheit der Rolle der illegalen Drogen-Milliarden für die Funktionstüchtigkeit der von Wall-Street-Bankern beherrschten amerikanischen Wirtschaft.

«Das Dritte Reich ist nicht untergegangen ...»

Am 28. November 2001 sprach Ruppert vor über 1000 Studenten in der Portland State University (Oregon) mehr als zwei Stunden lang über «The Truth and Lies of 9-11». Dieser Vortrag ist aufgezeichnet worden und kann als Videokassette über www.copvcia.com bestellt werden. Wir teilen dies hier mit, weil es sich wirklich um ein außerordentliches Dokument handelt, in das jahrzehntelange Recherchen eingeflossen sind und das die Ereignisse des 11. September auf einem breiten Hintergrund politischer, geheimdienstlicher und wirtschaftlicher Vorgänge analysiert. Ruppert vermeidet Spekulationen und basiert seine Urteile und Diagnosen durchaus auf Regierungsdokumente, öffentliche Verlautbarungen, verifizierbare Presseberichte und öffentliche Buchpublikationen. Ruppert macht seine Hörer zunächst eindringlich darauf aufmerksam, dass ihre Freiheit auf dem Spiel stehe, dass ihre Bürgerrechte auf das allerstärkste bedroht, ja bereits weitgehend aufgehoben seien, seit es infolge der Ereignisse vom 11. September zu verschiedenen Notverordnungen gekommen ist. In der Tat hatte Bush jun. am 26. Oktober 2002 als sogenannte Anti-Terror-Maßnahme ein «USA/Patriot Act» genanntes Gesetz unterzeichnet.[1] Dieses Gesetz, das dem Repräsentantenhaus vor der forcierten Abstimmung darüber nicht einmal in gedruckter Form vorgelegt worden war, erlaubt es, in Abwesenheit der Bewohner oder Eigentümer Wohnungen oder Geschäftsräume zu durchsuchen und den Durchsuchten zum Schweigen darüber zu verpflichten; dieses Gesetz erlaubt es, ohne Haftbefehl auf bloßen Verdacht hin, den Internetverkehr eines US-Bürgers zu verfolgen und dessen E-Mails abzufangen oder Telefongespräche aus öffentlichen Kabinen abzuhorchen. Derartiges ist in der Praxis gewiss nicht neu; neu aber ist, dass die auf solche Art gewonnenen Informationen für Gerichtsverfahren als «Beweismaterial» Verwendung finden können. Dieses Gesetz enthält zwar eine Klausel, die manchen Bürger beschwichtigen soll. Sie hat den schönen Namen «Sunset Clause» und erweckt den Eindruck der unbedingten zeitlichen Beschränktheit dieser Notverordnungen. In Wirklichkeit wird festgestellt, dass solche Maßnahmen über den Zeitpunkt «eines Terror-Notfalls» hinaus zur Anwendung kommen können, «falls Untersuchungen eines ausländischen Geheimdienstes im Spiele sind, die *vor* dem Zeitpunkt eingesetzt haben, an dem die Maßnahmen aufgehoben werden sollten».

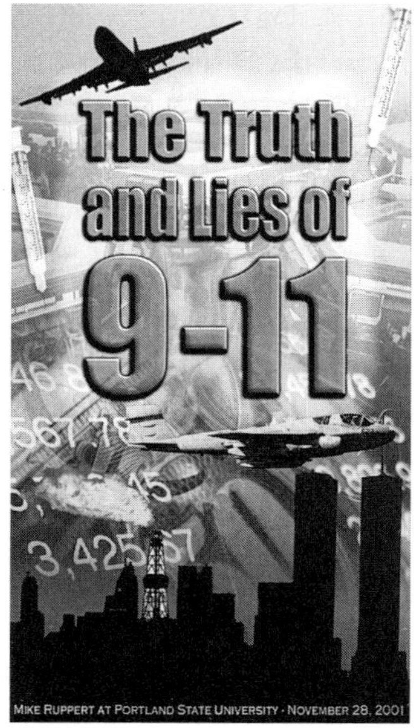

Am 9. November 2001 – einem geschichtsträchtigen Tag, der durch die Geschichte des Dritten Reiches eine berüchtigte Be-

kanntheit erlangen sollte – erließ Justizminister Ashcroft eine Verordnung, die es erlauben soll, bei Terroranschlägen Gespräche zwischen einem Anwalt und seinem auf Verdacht hin in Haft gesetzten Klienten abzuhören.

Am 13. November 2001 erließ Bush eine weitere Notverordnung, die es gestattet, als Terroristen verdächtige Ausländer vor ein Militärtribunal zu stellen. Dessen Verfahren wird im Geheimen geführt, und die Ankläger müssen kein Beweismaterial vorlegen, falls dies «im Interesse der nationalen Sicherheit liegt». Es kann zur Exekution des Verurteilten kommen, «selbst wenn ein Drittel der Offiziere» dagegen ist.

Man überlege sich einmal konkret, ob es nicht hinreichen könnte, als Ausländer vor ein solches Tribunal gestellt zu werden, wenn man in einem New Yorker Café Einwände gegen die Rechtmäßigkeit des «Patriot Act» erhebt, die auch am Nebentisch gehört werden können.

*

Ruppert legt in seinen Ausführungen u.a. auch eine detaillierte Chronik der Vorgeschichte des 11. September (1991 bis 2001) sowie der auf den 11. September folgenden Zeit (bis dato bis zum 28. August 2002) vor. Er blendet eine Aufzeichnung der Verhandlung mit John Deutch sowie von Interviews mit verschiedenen Abgeordneten und Wirtschaftsfachleuten ein.

Brillantes Kernstück seiner Darstellungen in Bezug auf die US-Außenpolitik der letzten Jahrzehnte ist eine Analyse der Hauptthesen von Brzezinskis Buch *Die einzige Weltmacht* (1997). Nicht nur zeigt Ruppert in klarer Weise das auf Eurasien gerichtete geopolitische US-Programm auf; er schält auch den arroganten Machtwillen heraus, der die gesamte nichtamerikanische Menschheit zu US-Vasallen oder zu unterentwickelten Barbaren abstempelt. Der von Schaubildern illustrierte Vortrag gipfelt in der Erörterung von Brzezinskis Sorge, dass es in der multikulturellen Gesellschaft Amerikas immer schwerer werden dürfte, einen allgemeinen Konsens für das von ihm als absoluten Imperativ erachtete geostrategische Ziel der US-Politik zu finden, «ausser in Fällen einer massiven und unmittelbaren Bedrohung von außen» (im Original deutlicher: «except in the circumstances of a truly massive and widely perceived direct external threat»[2]).

Im Anschluss an dieses Brzezinski-Zitat blendet Ruppert ein Bild von Osama bin Laden ein. Dann wendet er sich an das gesamte Publikum und sagt in eindringlichem Tone: «Ich möchte Ihnen verständlich machen, dass das Dritte Reich am Ende des Zweiten Weltkriegs nicht untergegangen ist. *Es hat nur den Schauplatz gewechselt.*»

Wenn etwas Derartiges von einem amerikanischen Staatsbürger ausgesprochen wird, der unter der innen- und außenpolitischen Entwicklung seiner Nation ehrlich leidet, der nach Wahrheit sucht und der bewiesen hat, welche Opfer er für diese Suche zu bringen bereit ist, dann haben auch Nichtamerikaner objektiven Anlass, eine solche Äußerung ernst zu nehmen. Ruppert konstatiert damit eine vielleicht manchen befremdende innere Verwandtschaft zwischen Nationalsozialismus und politischem Amerikanismus, die wohl erst im Lichte von anthroposophisch-geisteswissenschaftlichen Gesichtspunkten tiefer verständlich werden kann.[3]

Diese Feststellung wurde von Ruppert gewiss nicht gemacht, um seine eigene Nation zu dämonisieren, sondern um klarzumachen, dass das amerikanische Volk «möglicherweise von einem Verbrechersyndikat regiert wird», wie die demokratische Abgeordnete Cynthia McKinney es in einem von Ruppert eingeblendeten Interview ausdrückt.

Dieser Artikel ist erstmals erschienen im *Europäer*,
Jg. 7, Nr. 2/3, Dezember-Januar 2002/03.

---

1 Siehe dazu, Michael C. Ruppert: «11/20/01 – THE ‹F› WORD – the Patriot Act «What «Imperial» Decisions by Bush and Ashcroft have done to your Civil Liberties since 9-11.»
www. copvcia.com

2 Zbigniew Brzezinski, *The Grand Chessboard – American Primacy and its Geostrategic Imperatives*, New York 1997, S. 211. –
Vgl. die Ausführungen auf S. 7ff.

3 Aus Amerika werde «das radikal Böse» kommen, stellt Steiner am 30. Juli 1918 fest (GA 181); Anfang November 1919 weist er auf die Inkarnation Ahrimans im Westen hin, «ehe auch nur ein Teil des dritten Jahrtausends abgelaufen» sein wird (GA 193). Das im Nationalsozialismus und im System «Gulag» zutage getretene Böse könnte sich in ferner Zukunft als ein Präludium zu diesem «radikal Bösen» erweisen. – Die Kooperation mit dem Nazismus vor, während und nach dem Zweiten Weltkrieg durch amerikanische Wirtschafts- und Bankerkreise (zu denen auch des jetzigen Präsidenten Großvater Prescott Bush zählte) ist eine Tatsache, auf die auch Ruppert deutet.
Im Zusammenhang mit diesem noch nicht wirklich umfassend untersuchten Themenkomplex sei auf folgende Werke verwiesen : A. Sutton, *Wall Street and the Rise of Hitler*; ferner: Webster G. Tarpley und Anton Chaitkin, *George Bush, The Unauthorized Biography*, Privatdruck (USA), 1992. (Heute über Amazon beziehbar.) Dieses breit recherchierte Werk weist nicht nur die Involvierung von Prescott Bush in Geschäfte mit Hitlerdeutschland nach, sondern auch amerikanisches Interesse an deutschen eugenetischen Forschungen. Prescott Bush war wie der jetzige Präsident und sein Vater Mitglied des Yale-Clubs Skull & Bones. In der jüngsten Veröffentlichung über diesen Club von Alexandra Robbins (*Secrets of The Tomb*, Boston, New York, London 2002) wird die reale Verbindung von Prescott Bush mit Nazideutschland allerdings verharmlost. Schließlich: Christopher Simpson, *Blowback – America's Recruitment of Nazis & its Effects on the Cold War*, London 1988.

7.

G. W. F. Hegels doppelter Weg in den Westen

Hegels Anschauung vom Werden
als Grundlage der westlichen Politik
und der esoterischen Schulung

Das Wahre ist das Ganze

G.W.F. Hegel (1770–1831)

I. Es wurde im *Europäer* mehrmals darauf aufmerksam gemacht, dass die anglo-amerikanische politische Praxis weitgehend auf einer mitteleuropäischen Erkenntnis fußt: auf der Erkenntnis Hegels, dass *sich alles Werden in der Welt in realen Widersprüchen vollzieht*, geradezu auf Widerspruch gebaut ist.[1] Die extremen Pole dieses Widerspruchs heißen in der Philosophie von Hegel: Sein und Nichts. «Werden ist die (...) Synthesis von Sein und Nichts».[2] Das Werden als «die Einheit von Sein und Nichts» gilt Hegel «als erste Wahrheit».[3] In jedem realen Werden sind nach Hegel die «Momente» des Entstehens (als Übergang vom Nichts ins Sein) und Vergehens (als Übergang des Seins ins Nichts) aufzeigbar.[4] So werden die Gegensätze von Sein und Nichts (als «These» und «Antithese») im Werden (als deren «Synthese») vereinigt. Das weitere und erst das weitere Resultat dieses Werdens ist im Sinne Hegels das «Dasein».

Die einzige Schwierigkeit, diesen Hegelschen Begriff des Werdens aufzufassen, ist die Gewohnheit und Vorliebe vieler Menschen, einen nur «positiven» Werdebegriff bilden und festhalten zu wollen, der nur einseitig aus dem «Moment» des Entstehens besteht. Diese Denkgewohnheit läßt den «Moment» des Vergehens außer acht, ohne den aber kein wahres Werden möglich ist. Was wird zum Beispiel gemeinhin unter «Werden» in der Wirtschaft verstanden? Wachstum und nur Wachstum: sich stetig steigernde Wertbildung, unter möglichster Vermeidung jeglicher Entwertung – so das Credo von Unternehmern und Aktionären. Die Wirklichkeit korrigiert aber alle einpoligen «Werde»-Bestrebungen des Menschen. Auf dem Feld der Wirtschaft greift sie in Form von Inflation, Arbeitslosigkeit, Verarmung der Massen korrigierend ein; also scheinbar an einem ganz anderen Ort als dort, wo eine Globalisierungselite nur für «positives Wachstum» sorgen will. Für einen Hegelschen Gesichtspunkt sind aber einseitiges Wachstum und wirtschaftliche

Rezession usw. zusammengehörige Phänomene.[5]

Während die meisten Mitteleuropäer die Wahrheit vom polar-widersprüchlichen Charakter alles Werdens in der Welt (oder im «Dasein») entweder unbeachtet ließen oder ihr höchstens einen theoretischen Wert zubilligten, ist sie in den letzten zwei Jahrhunderten zur eigentlichen Grundlage der anglo-amerikanischen politischen Praxis geworden. Für diese Praxis sind etwa die politischen Einstellungen von «links» und «rechts» keineswegs *absolute* Positionen, von denen die eine anzustreben und die andere zu verwerfen oder zu bekämpfen wäre. Sie können sich vielmehr wie Pol und Gegenpol oder These und Antithese verhalten, die gleichzeitig oder nacheinander gleichermaßen zu fördern sind, wenn aus dem Zusammenspiel von *beidem* etwas Neues (als Synthese) entstehen soll. Es kann durchaus als zweckmäßig erscheinen, in einer Weltregion gleichzeitig Krieg und Frieden anzustreben, wie es die gegenwärtige US-Politik fast auf allen von ihr beherrschten Kriegs- oder Krisenschauplätzen der Welt, genauer besehen, wirklich tut.[6] Wenn zu beiden oder allen Konfliktparteien enge Beziehungen geknüpft werden, so muss das dadurch angestrebte «Neue» keineswegs der Friede sein; es kann ein für nötig erachteter Zuwachs an Macht sein, die durch eine geplant-widersprüchliche Politik in einer bestimmten Weltregion erobert werden soll.[7] Unablässige Vermittlungsgespräche mit den Streitparteien können dabei solchem Machtbestreben sogar den hilfreichen Anstrich von Friedensbemühungen verleihen. Ein Friedliebender, der in Hegel nur einen abstrakten europäischen Philosophen sieht, auf welchen in der Welt der «Tatenmenschen» nichts ankomme, wird solchen Schein generell für bare Münze halten und solche «Friedensbemühungen» selbstverständlich loben, auch wenn sie regelmäßig im Sand verlaufen oder nichts als neuen Zündstoff für Konflikte liefern.[8]

Auch westliche Geheimdienste praktizieren ein solches polar-widersprüchliches Vorgehen. Der europäische Linksterrorismus der 70er Jahre bietet dafür ein Beispiel. Um die Linkstendenzen der europäischen Gesellschaften zu bekämpfen, wurde die linke Gewalttätigkeit gefördert, das heißt der Terrorismus unterstützt. Das rief als Gegenreaktion jene staatliche Repression auf den Plan, die das eigentlich angestrebte Ziel war.[9] Dadurch, dass die «gebildeten» Europäer ihren Hegel aus dem Erkenntnis-Horizont verloren haben, konnte seine Philosophie im Westen umso leichter zum unerkannten Fundament einer Politik der *Macht* verwendet werden.

II. Nun lebte aber Hegel im anglo-amerikanischen Westen nicht nur als unfreiwillig missbrauchter «Ratgeber» einer Politik der Macht fort; seine Werde-Auffassung ist zur Blütezeit des British Empire in England einmal in höchst bedeutsamer Art und ohne jegliche gruppen-egoistische Absicht zum Fundament eines esoterischen Schulungswegs geworden, der von wahrhaft allgemein-menschlicher Bedeutung ist. Die Rede ist von der kleinen Schrift *Light on the Path* (*Licht auf den Weg*), die 1885 zum ersten Mal erschienen ist und die in einer großartigen Weise von Baron Oskar von Hoffmann ins Deutsche übersetzt und im Perseus Verlag neu aufgelegt wurde. Die Verfasserin Mabel Collins (1851–1927) war eine bekannte Schriftstellerin und arbeitete zeitweilig eng mit H.P. Blavatsky zusammen. Sie hat neben *Light on the Path* mehrere Werke spirituellen Inhalts verfasst, darunter auch den bedeutenden Roman *Flita*.

Light on the Path kann jedem geistig Strebenden zeigen, dass auch das seelisch-geistige *Werden* eines Esoterikers auf die Hegelsche Einsicht in die Widerspruchsnatur allen Werdens über-

Mabel Collins (1851–1927)

Rudolf Steiner (1861–1925)

haupt gegründet werden muss, wenn bestimmte, dem höheren Fortschritt feindliche Einseitigkeiten vermieden werden sollen.

Die Übungen in *Light on the Path* sind so strukturiert, dass einseitige Werde-Momente geradezu systematisch verhindert werden oder immer wieder überwunden werden sollen: Zu jeder Hauptübung findet sich eine Art von Gegensatz-Übung.

«Ertöte den Ehrgeiz», heißt die erste Anweisung. Die polare Gegenübung lautet: «Wirke gleich denen, die ehrgeizig sind.» Wer allein die erste Übung befolgen wollte, könnte eine bedenkliche Erlahmung seiner Tatkraft bewirken; wer allein die zweite machte, könnte den in fast jedem Menschen bereits vorhandenen persönlichen Ehrgeiz in gefährlicher Art noch steigern.

Weder die erste noch die zweite Übung sind, je für sich betrachtet, das Wesentliche. Wesentlich ist, was aus der Praktizierung dieses, äußerlich betrachtet, widersprüchlichen Übungspaares in der Seele *wird.* Dies ist nicht ausgesprochen und braucht nicht ausgesprochen zu werden; jeder wird das unausgesprochene bleibende synthetische Resultat beider Übungen in sich selbst erfahren müssen.

In solcher Widerspruchsstruktur sind auch die weiteren Übungen aufgebaut. «Ertöte den Sinn für das Sondersein», heißt eine weitere Anweisung; «doch stehe einsam auf dich selbst beschränkt», lautet die entsprechende Gegenübung. «Suche den Weg in der innern Versenkung», fordert eine andere Hauptübung; «suche den Weg, indem kühn du heraus aus dir selbst trittst», lautet die nachfolgende Weisung. Und, um ein letztes Beispiel anzuführen: «Trachte nach dem nur, was in dir ist.» «Trachte nach dem nur, was jenseits des Selbsts liegt.»

In dieser kleinen Schrift wird dasselbe Prinzip des schöpferischen, das heißt zu realem Werden führenden Widerspruchs in ganz anderem Sinne fruchtbar gemacht als in der anglo-amerikanischen Politik. Auch hier geschieht es nicht in philosophischer Form, sondern auf dem Feld des praktischen Tuns, wobei der Schauplatz dieses Tuns nun nicht die Bühne äußeren Weltgeschehens, sondern die Seele des individuellen Menschen ist.

Aller kriegerische Konflikt, von dessen Existenz und Fortbestand jene Politik in gewissem Sinne lebt und zehrt, wird in der individuellen Menschenseele selber ausgetragen. Wer *diesen* Konfliktschauplatz mit Mut betritt, wird bald bemerken, dass alle äußeren Konflikte, Kämpfe oder Kriege in Wahrheit nichts als unausgetragene Seelenkonflikte sind, die nach außen geworfen werden. Alles äußere kriegerische Töten erweist sich als eine Karikatur des Tötens, das im Innern der Menschenseele, zu Recht, zu üben ist. Denn hier, auf dem inneren Seelenkampfplatz darf, ja soll das Menschen-Ich auch unerschrocken töten lernen. Töten heißt Leben entziehen. Auch seelische Impulse können Leben erhalten; sie werden, wenn dies eintritt, mit der Zeit zu eigentlichen Seelen*eigenschaften*. Das Töten auf dem inneren Seelenschauplatz ist ganz wörtlich aufzufassen: Es handelt sich darum, bestimmten Seeleneigenschaften wie zum Beispiel dem Ehrgeiz, der Eitelkeit, der «Gier nach dem Wachstum», dem «Sinn für das Sondersein» usw. die Verwurzelung im *Lebensleib* zu nehmen, in welchem sie sich im Lauf der Zeit verankert haben und dadurch zu *Gewohnheiten* geworden sind. Diesen Eigenschaften muss im wahrsten Sinn des Wortes das Leben entzogen werden, das sie parasitenhaft auszehren.

In dem Maß, in dem ein Mensch den inneren Konfliktschauplatz betritt und im genannten Sinne «Widersprüchliches» bewusst vollzieht und übt, wird er nicht nur seine eigene seelisch-geistige Entwicklung harmonisch vorantreiben, sondern auch einen Beitrag für den dauerhaften Frieden in der Außenwelt erbringen. Für einen Frieden, der weder durch Friedensverhandlungen herbeigeführt noch durch Kriegshandlungen zerstört werden kann.

III. Während hinter der charakterisierten Grundtendenz innerhalb der westlichen Politik letztlich keine allgemeinmenschlichen Zielsetzungen und Motive walten, sondern gewisse großangelegte und doch persönliche Ambitionen einer relativ kleinen Anzahl einflussreicher Menschen, wird in der okkulten Schulung von *Light on the Path* gerade auf die rückhaltlose Erkenntnis und die Beseitigung persönlicher Strebensmotive der allergrößte Wert gelegt. Das zeigt etwa die siebzehnte «Lehre» und die Anmerkung zu ihr. «Suche den Weg», heißt es nach den vorangegangenen sechzehn «Lehren» in der siebzehnten lapidar und manchem Meditanten vielleicht sehr paradox erscheinend. Zu dieser knappen Lehre erfolgt der folgende Kommentar: «Diese drei Worte scheinen vielleicht zu unbedeutend, um allein zu stehen. Der Jünger mag meinen: Würde ich überhaupt in diese Gedanken einzudringen streben, so ich den Weg nicht suchte? Doch eile nicht darüber hinweg. Verweile und erwäge. Ist es *der Weg*, nach dem du verlangst, oder schwebt deinen Gedanken ein unbestimmtes Bild vor von großen Höhen, die *du selbst* erklimmen, von einer großen Zukunft, die *du* gewinnen willst? Lass dich warnen! Der Weg muss *seiner selbst willen* gesucht werden, nicht mit Rücksicht auf *deine* Füße, die ihn beschreiten sollen.» (Kursiv durch T.M.)

Dergestalt wurde der überpersönliche Werdegedanke Hegels im Westen *auch* in den Dienst einer okkulten Schulung gestellt, die weder den Egoismus des Einzelnen noch den von Gruppen fördern kann.

IV. In *Mitteleuropa* hat Hegel im Grunde nur einen einzigen großen Fortsetzer gefunden: Rudolf Steiner. Steiner nannte Hegel einmal den größten Philosophen der Weltgeschichte.[10] Eine ihm in Weimar geschenkte Hegelbüste wanderte an seine späteren Wohnorte Berlin und Dornach mit. Steiner setzte die von ihm hochgeschätzte Philosophie Hegels aber ihrerseits in einen weiten Fluss des Werdens, indem er aufzeigte, dass mit Hegel die auf das Element des abstrakten Gedankens bauende System-Philosophie ihren Höhepunkt und Abschluss erreicht habe und dass, weltgeschichtlich gesehen, nun der Übergang vom abstrakten Element des Gedankens in das Konkret-Spirituelle übersinnlicher Erfahrung gemacht werden müsse. «Ich glaube mich von Hegel in gar nichts zu unterscheiden, sondern nur einige

Konsequenzen aus ihm zu ziehen», schreibt er am 1. November 1894 an Eduard von Hartmann.[11] Eine dieser Konsequenzen ist, dass er seine eigene Philosophie nicht mehr wie noch Hegel auf den *Begriff* aufbaute, sondern auf die *Realtätigkeit des Denkens*, das alle Begriffe erst zur Erscheinung bringen muss[12]; eine zweite Konsequenz zog Steiner mit der Forderung, dass die Hegelsche Philosophie die von ihm begründete Geisteswissenschaft wie ein Ferment durchziehen müsse. Das betonte er einmal in eindringlicher Weise wie folgt: «Es liegt eine gewisse Kraft, wahrhaftig nicht eine physische Kraft, sondern eine andere Kraft, eine geistige Kraft in diesem Hegeltum, und es liegt in ihm etwas, das aufgenommen werden muss von jeder geistigen Weltanschauung. Denn rachitisch werden müsste jede Geisteswissenschaft, die nicht durchdrungen werden könnte von dem knöchernen Ideensystem, das dem Ahriman, dem verknöchernden Ahriman abgerungen worden ist durch Hegel. (...) Man braucht diese kühle Besonnenheit, wenn man nicht in nebuloser, warmer Mystik verkommen will beim geistigen Streben.»[13] Auch diese Forderung ist eine konkrete Konsequenz aus Hegelschem Denken: Was in der Entwicklung der Menschheit als Fähigkeit des reinen, objektiven Denkens einmal errungen worden ist, darf nicht mehr verloren gehen; es muss als «aufgehobenes Moment» in aller weiteren Entwicklung mit enthalten bleiben.[14]

Die dritte Konsequenz, die Steiner aus Hegel zog, ist, dass auch er Hegels Einsicht in die Dialektik alles Werdens für die geisteswissenschaftliche Schulung fruchtbar machte. Er machte dabei auf dem Feld des praktischen Okkultismus in den Anfangsjahren des letzten Jahrhunderts gerade die kleine Schrift von Mabel Collins zu einem zentralen Ausgangspunkt speziellerer esoterischer Anweisungen für seine Schüler.

In Anknüpfung an das weiter oben zuletzt gegebene Beispiel aus Collins' Schrift («Trachte nach dem nur, was in dir wohnt» usw.) führt Steiner am 15. Februar 1904 aus: «Sie werden vielleicht fragen: Brauche ich denn alle beiden Sätze und wozu? –

Jawohl, wir brauchen sie beide (...) Wir müssen sie üben, damit wir nicht eine Wahrheit uns einseitig klarmachen, sondern die Welt von allen Seiten betrachten (...) Das Leben wechselt immer zwischen Gut und Böse, zwischen Schönheit und Hässlichkeit und so weiter. Das sind Dinge, die sich immer widersprechen. Wir werden das Leben des Geistes aber nur kennenlernen, wenn wir in den Einzelheiten nicht steckenbleiben. Wir stoßen uns einfach nicht an den Widersprüchen, sondern begreifen, dass die Widersprüche das Leben bedeuten. – Auf diese Weise üben wir Gedankenkontrolle, dass wir uns stets klar sind: Wenn wir einen Gedanken gefasst haben, so müssen wir gleich den entsprechenden anderen suchen, der sich zu dem ersteren verhält wie der Hunger zur Sattheit. Dadurch wird die eine Seite des Gedankens durch den anderen ergänzt, so wie Licht und Schatten, Positiv und Negativ einander ergänzen. Wer dies beachtet, wird in lebendiger Spiritualität allmählich leben können. Er wird leben in einem geistigen Leben, das höher ist als das sinnliche.»[15]

Das ist *fortentwickelter* Hegelianismus auf dem Feld real-geistiger Schulung. Dass es auf diesem Feld des praktischen Okkultismus zu einem Zusammenwirken Steiners mit Collins kam, ist wie ein wunderbarer Ausgleich gegenüber dem Missbrauch Hegels durch okkult-politische Kreise des Westens. Letzterer ist in der Tat nichts anderes als die Karikatur des wahren Weges, den Collins und Steiner dem größten Philosophen der Weltgeschichte auf dem Gebiet des praktischen Okkultismus auch in den Westen bahnten.

Dieser Artikel erschien erstmals im *Europäer*,
Jg. 4, Nr. 12, Oktober 2000.

---

1 Auf den Zusammenhang der anglo-amerikanischen Politik mit der Philosophie Hegels machte Steiner am 4.12.1920 aufmerksam (GA 202, siehe *Der Europäer*, Jg. 4, Nr. 11, S. 14). Es war das Verdienst von Anthony Sutton (1925–2002), diesen wichtigen Hinweis Steiners

(der ihm mit größter Wahrscheinlichkeit unbekannt war) durch seine Untersuchungen der Bruderschaft von «Skull & Bones» de facto verifiziert zu haben.

2 Hegel, *Wissenschaft der Logik*. Erster Teil, Anm. 3. Suhrkamp Werkausgabe Bd. 5, S. 100.

3 Op. cit., S. 86.

4 «Die Knospe verschwindet in dem Hervorbrechen der Blüte, und man könnte sagen, dass jene von dieser widerlegt wird; ebenso wird durch die Frucht die Blüte für ein falsches Dasein erklärt, und als ihre Wahrheit tritt jene an Stelle von dieser. Diese Formen unterscheiden sich nicht nur, sondern verdrängen sich auch als unverträglich miteinander. Aber ihre flüssige Natur macht sie zugleich zu Momenten der organischen Einheit, worin sie sich nicht nur widerstreiten, sondern eins so notwendig wie das andere ist, und diese gleiche Notwendigkeit macht erst das Leben des Ganzen aus.» Hegel, *Phänomenologie des Geistes*, Vorrede.

5 Die Geldlehre R. Steiners rechnet als heute einzige mit beiden Werdens-Momenten, indem auch die Entwertung des Geldes von vorneherein in dessen Schöpfung miteinbezogen wird und dem Geld daher ein nur befristeter Wert verliehen wird.

6 Man studiere unter diesem Gesichtspunkt die von den USA geführten Verhandlungen mit Israel/Palästina, China/Taiwan, Serbien/Bosnien/Kosovo usw.

7 Wichtigstes Resultat des NATO-Krieges gegen Serbien ist in dieser Hinsicht die nun faktisch erreichte Vor-Ort-Verankerung des US-Einflusses auf dem Balkan. Sie zeigt sich etwa in der Errichtung von neuen Militärstützpunkten oder in der gesteigerten Abhängigkeit der Region von westlicher Wirtschaftshilfe.

8 Ein jüngeres Paradebeispiel für Scheinverhandlungen, die in Wirklichkeit einen Kriegsvorwand produzieren sollen, waren die Verhandlungen von Rambouillet, nach deren programmiertem Scheitern die NATO-Angriffe auf Serbien einsetzten. Der ausschlaggebende Faktor zur Entfesselung der vielbeschworenen «humanitären Katastrophe», zu deren angeblicher Abwendung dieser Krieg geführt wurde, ist in der Verlogenheit derartiger Verhandlungen zu suchen.

9 Siehe dazu, Andreas Bracher: «Regine Igel, *Andreotti. Politik zwischen Geheimdienst und Mafia*», *Der Europäer*, Jg. 2/ Nr. 7, S. 17.

10 In *Philosophie und Anthroposophie*, GA 35.

11 GA 39, S. 227.

12 In der *Philosophie der Freiheit,* Kap. «Die Welt als Wahrnehmung» heißt es: «Es kann (...) das, was ich in Bezug auf die in sich selbst ruhende, durch nichts bestimmte Natur des Denkens gesagt habe, nicht einfach auf die Begriffe übertragen werden. (Ich bemerke das hier ausdrücklich, weil hier meine Differenz mit Hegel liegt. Dieser setzt den *Begriff* als Erstes und Ursprüngliches.)»

13 «Das Ewige in der Hegelschen Logik und ihr Gegenbild im Marxismus», Vortrag vom 27. August 1920, zum 150. Geburtstag Hegels, in GA 199.

14 «Aufgehoben» im Hegelschen Doppelsinne von: der Aktualität nach beendet, doch zugleich als «Ferment» im Neuen fortbestehend und damit die *Kontinuität* der Entwicklung wahrend.

15 GA 266/1, S.49f. – Weitere Ausführungen Steiners zu *Licht auf den Weg* finden sich in den *Anweisungen für eine esoterische Schulung,* GA 268. Darin insbesondere das Kapitel «Exegese zu Licht auf den Weg».

8.

Statt einer «Auswahl der Schlechtesten» nach oben

Rudolf Steiner macht im Epochenjahr 1917 einmal darauf aufmerksam, dass eine gewisse Entwicklung innerhalb der fünften nachatlantischen Zeit auch bestimmten Eingeweihten Sorgen bereite.[1] Gemeint ist die Tatsache, dass gerade Menschen mit einem wahrhaftigen Streben nach Spiritualität, also Menschen, die die Einflüsse aus Umwelt und Erziehung allmählich durch solche aus einer inneren, freien Selbsterziehung ersetzen, in der Regel nicht allzu stark geneigt sind, in die äußeren, sozialen und politischen Angelegenheiten einzugreifen. Mit anderen Worten: Sie ziehen es gerade infolge ihrer spirituellen Neigungen und Bestrebungen vor, die Regelung der politischen Angelegenheiten anderen zu überlassen.[2] Die Folge davon ist notgedrungen – das ist Gegenstand der besagten Eingeweihtensorge –, dass die Politik Menschen überlassen bleibt, die keine rein spirituellen Impulse suchen und pflegen, sondern höchstens solche, die ihrem Gruppeninteresse dienen können. In der Zurückhaltung jener Menschen, die ein reines spirituelles Streben entfalten wollen, gegenüber den äußeren, politischen Angelegenheiten *liegt aber der eigentliche Grund dafür, dass die Machtausübung in die Hände von Menschen übergehen konnte, die alles, auch das traditionell überlieferte okkulte Wissen in den Dienst von Gruppenegoismen stellen.* Auch wenn der allgemeine Zug der Zeit auf Öffentlichkeit und Selbstbestimmung geht, die Bestrebungen der auf diese Weise zur Macht gekommenen Gruppen beruhen – in vollständigem Gegensatz dazu – auf Geheimhaltung (daher die Tendenz zur Aristokratisierung der Machtverhältnisse) und Manipulation des Einzelnen.

Das 20. Jahrhundert hat der Menschheit gezeigt, wohin es führt, wenn die öffentlichen Angelegenheiten in überwiegendem Maße von Menschen des unspirituellen Typus «geführt» oder «gemanagt» werden. Es hat gezeigt, was die durch die Passivität der spirituellen Menschen in Bezug auf äußere Angelegenheiten in dieser Art noch nie dagewesene «Auswahl der Schlechtesten (das heißt der Unspirituellsten) nach oben» (das heißt in die Machtpositionen) in der Menschheitsgeschichte bewirken kann. Der Beginn des 21. Jahrhunderts hat bereits in scharfer Weise demonstriert, dass die Katastrophen des 20. Jahrhunderts nur ein Vorgeschmack von noch Schlimmerem sein könnten.

Wer es ernst meint mit «globaler Verantwortung», kann aus den überstandenen Katastrophen des 20. Jahrhunderts wie aus der gegenwärtigen Weltkatastrophe nur *eine* Konsequenz ziehen: Beizutragen zur Verbreitung einer geistgemäßen Weltanschauung, die auch die geistigen Hintergründe des Weltgeschehens immer klarer und *wahrheitsgemäß* durchleuchtet.

Dann wird es vielleicht sogar noch in diesem Jahrhundert eine wachsende Zahl von Menschen geben können, die in voller Spiritualität und im Hinblick auf die *gesamte* Menschheit eine menschenwürdige Regelung der wirtschaftlichen, geistigen und politischen Angelegenheiten in die Wege leiten wollen und auch können. Kann es einen anderen Ausblick aus der Finsternis von Gewalt und Lüge geben, mit welcher das Jahrhundert angefangen hat?

---

1 Vortrag vom 6. November 1917, GA 178.

2 Dies war in alten Zeiten der Menschheitsentwicklung anders. In der dritten Kulturepoche war der «Spirituellste» auch der Mächtigste, wie das alte Priesterkönigtum beweist. Als letzten Eingeweihten auf dem Herrscherthron bezeichnete R. Steiner Karl IV., den Rosenkreuzer und Erbauer der Burg Karlstein bei Prag.

Timeline um den 11.9.2001

José García Morales

Zeitlicher Ablauf der Ereignisse am 11. September 2001
(in Klammern stehende Zeitangaben sind gelegentlich geltend gemachte Varianten)

7:59 Flug American Airlines (AA) 11 (Boeing 767) startet in Boston.[1]
8:13 Bodenstation von FAA (Federal Aviation Administration; zivile Flugaufsicht) verliert den Kontakt zum Transponder von Flug 11.[1]
8:14 Flug United Airlines (UA) 175 (Boeing 767) startet in Boston (mit 16 Minuten Verspätung).[1]
8:20 Flug (AA) 77 (Boeing 757) startet in Washington (mit 10 Minuten Verspätung).[1]
8:20 Flug 11 weicht vom Kurs ab und gilt als möglicherweise entführt.[1]
8:30 Viele Politiker der Bush-Regierung sind zu diesem Zeitpunkt in ihren Büros, sie konnten Informationen empfangen und weiterleiten sowie Maßnahmen treffen: Vizepräsident Dick Cheney und Sicherheitsberaterin Condoleezza Rice im Weißen Haus, Verteidigungsminister Donald Rumsfeld im Pentagon, CIA-Direktor Tenet ist in der Nähe des Weißen Hauses, FBI-Direktor Mueller ist in seinem Büro im FBI-Hauptquartier.[1]
8:40 (8:38) Bodenstation von FAA benachrichtigt NORAD (Northamerican Aerospace Defense Command; Luftverteidigungszentrale), dass Flug 11 entführt ist.[1] Der Geheimdienst (umfasst mehr als 4000 Personen, die ein weitaus umfassenderes Netz zur Informationsübermittlung aufweisen als die Nachrichtenagenturen[2]) richtet eine offene Linie zu den Bodenstationen ein und hat per Knopfdruck Zugang zu allen Radarstationen der USA.[1]
Kommentar: Dadurch ist der Geheimdienst nun für weitere Informationen nur bedingt davon abhängig, dass Bodenstationen oder NORAD ihm diese zukommen lassen. Informationen wie diese Entführung können bereits zu diesem Zeitpunkt an Bush und andere weitergeleitet werden. Kanalisiert wurden notwendige Aktionen durch das National Military Command Center (NMCC) im Pentagon, die militärische Befehlszentrale bei Flugzeugentführungen.[1]
8:42 Flug (UA) 93 (Boeing 757) startet in New York (mit 41 Minuten Verspätung, vorgesehen war 8:01).[1]

8:42 Flug 175 weicht von seinem Kurs ab. Bodenstation hat keinen Kontakt mehr zum Transponder.[1]

8:43 NORAD (und der Geheimdienst) wird benachrichtigt, dass Flug 175 entführt ist und in Richtung New York Stadt fliegt.[1]

Kommentar: Zum Zeitpunkt des wenig später erfolgen ersten Einschlags weiß NORAD, dass ein weiteres Flugzeug, eventuell ein weiterer Angreifer, auf das Stadtgebiet zufliegt.

8:44 Verteidigungsminister Rumsfeld spricht im Pentagon über Terrorismus, er betont: Es wird einen weiteren Vorfall geben («There will be another event»).[1]

8:46:26 (nach seismographischen Aufzeichnungen; nach anderen Quellen 8:45-8:48)[1] Flug 11 schlägt zwischen der 94. und der 98. Etage des Nordturms ein. Das Flugzeug trifft in Schräglage etwa in der Mitte der Fassadenbreite auf.[3]

8:46 Oberbefehlshaber der Air Force und stellvertretender Generalstabschef General Richard B. Myers ist in einer Besprechung mit Senator Max Cleland und erfährt kurz darauf aus dem Fernsehen von diesem Einschlag, glaubt aber, dass es sich um ein kleines Flugzeug handelt. Bis nach 9:43 bespricht er mit Cleland notwendige Maßnahmen, lässt sich aber nicht weiter informieren.[1, 2]

8:46 Flug 77 weicht vorübergehend von seinem Kurs ab, NORAD wird von der Bodenstation erst 9:24 benachrichtigt. Diese Verzögerung ist ein gravierender Verstoß gegen die Dienstvorschriften.[1]

8:46 Zwei F-15-Kampfflugzeuge werden beauftragt, vom Otis-Militärflughafen Massachusetts aufzusteigen (Distanz zu New York 188 Meilen), um Flug 11 zu suchen. Der Aufstieg wurde erst **8:52** ausgeführt, nun suchen sie Flug 175. Neunzehn Minuten später erreichen sie New York.[1]

Kommentar: Warum flogen sie so langsam? Der angegebenen Zeit nach war ihre Durchschnittsgeschwindigkeit unter 600 mph, bei 1600 mph (Höchstgeschwindigkeit über 1875 mph) hätten sie 8:59 New York erreicht. Deutlich vor dem Einschlag von Flug 175 in den Südturm.[1]
Warum wurden keine näher gelegenen Militärflughäfen beauftragt?[1]
Die Angaben zum Aufstieg der Kampfflugzeuge vom Otis- (für New York) und vom Langley-Militärflughafen (für Washington) wurden von Myers erst am 14. 9. gemacht, zunächst hatte er ausgesagt, es seien

keine Kampfflugzeuge vor den Einschlägen aufgestiegen. Noch am 13. hatte er in der Befragung vor dem Kongress nach dem Vorwurf, nichts unternommen zu haben, gesagt, er wisse nicht, ob Flugzeuge aufgestiegen seien. Nach Jared Israel *(emperorsclothes)* ist der Aufstieg der Kampfflugzeuge von Otis und Langley eine nachträgliche Konstruktion von Myers. Später wurde dies («wir haben es versucht, sind aber zu spät gekommen») zur offiziellen Erklärung von NORAD. Nach den Anschlägen wurde Myers zum Vorsitzenden des Generalstabschefs, das heißt zum Oberbefehlshaber der US-Streitkräfte nach dem Präsidenten, befördert.[2] (Siehe auch 9:27, 9:41.)

8:48 Erste Nachrichten und Reportagen berichten in Fernsehen und Radio vom Einschlag des ersten Flugzeugs in das World Trade Center.[1]

8:48 (8:30) Bushs Fahrzeugkolonne verlässt das Hotel Richtung Emma Booker School in Sarasota (Florida). Distanz Hotel – Schule etwa fünf (neun) Meilen[1], Distanz Schule – Flughafen fünf Meilen. 8:48: Bush wird von dem Journalisten John Cochran gefragt, ob er wisse, was in New York vor sich gehe. Bush bejaht dies [ABC News, 11.9.].[1, 2]

8:55 Im Südturm wird über Lautsprecher gesagt: «Das Gebäude ist sicher und die Angestellten können in ihre Büros zurückkehren.»[1]

8:55 Flug 77 weicht stärker von seinem Kurs ab und fliegt östlich in Richtung Washington.[1]

8:56 Bodenstation verliert Kontakt zu Transponder von Flug 77. Dieser Flug gilt als vermisst. NORAD wird erst achtundzwanzig Minuten später benachrichtigt.[1]

8:58 – 9:00 Bush erreicht die Booker Elementary School Sarasota.[1]

9:00 Zu diesem Zeitpunkt sollte J. Fullton und sein Team in der CIA eine Übung durchführen, bei der das verantwortungsvolle Verhalten im Falle eines Flugzeugeinschlags in ein Gebäude getestet werden sollte. Anscheinend wurde die Übung nach der realen Entführung abgesagt. Der Ort der Übung war vier Meilen von dem Flughafen entfernt, wo eines der vier entführten Flugzeuge gerade gestartet war.[4]

NORAD befand sich zudem inmitten eines anderen Kriegsspiels, genannt Vigilant Guardian, das eine vorgestellte landesweite Krise dieser Institution vorsah. Nach Aussagen eines Angestellten dachte zunächst «jeder» bei NORAD, dass die wirkliche Entführung Teil der Übung sei.[4]

9:00 Nach ersten offiziellen Angaben erfährt Bush erst zu diesem Zeitpunkt (durch seinen Stabschef Andrew Card und anderen) vom Einschlag ins World Trade Center: 12 Minuten nachdem viele Mitarbeiter Bushs und – weltweit – Millionen Zuschauer begonnen hatten, diese Tragödie im Fernsehen zu verfolgen.[1]
Zunächst war man von einem wenig informierten Präsidenten ausgegangen, später stellte sich heraus, dass Bush schon vor Erreichen der Schule von verschiedener Seite auf den Einschlag in den Nordturm aufmerksam gemacht worden war.[1, 5]
9:00 Angeblich telefonisches Gespräch Bush–Condoleezza Rice[1]; nach Angaben Bushs (drei Monate nach den Anschlägen) in einer Interviewfrage eines achtjährigen Kindes sieht er gegen 9:01 den Einschlag von Flug 11 in den Nordturm im Fernsehen.[1]
Kommentar: Da der Zeitpunkt 9:04 beziehungsweise 9:05[1] für die Mitteilung des zweiten Einschlags an Bush (durch Andrew Card) als sicher gilt und da diese Mitteilung auf dem Video der Booker School, Sarasota[2], erst nach etwa vier Minuten Unterricht (in Anwesenheit Bushs) erfolgt, erscheinen sowohl das Gespräch mit Rice als auch Bushs Angaben über eine Darstellung des Vorfalls im Fernsehen wegen der kurzen Zeitabfolge als höchst unwahrscheinlich. (Siehe dazu den Artikel auf S. 28f.
Warum bricht er zu diesem Zeitpunkt nicht den Besuch in der Booker School ab?[1]
9:00 (9:02, 9:03) – **etwa 9:25** (9:16) Bush ist bei einer Lesestunde in der 2. Klasse der Booker Elementary School anwesend. Gelesen wird die Geschichte eines Mädchens und seiner Ziege.[1]
Man beachte: Der Präsident liest nicht etwa selber vor, sondern hört nur zu und macht später einige lobende Bemerkungen und *wartet*, bis die Lesestunde vorbei ist.
Während dieser Zeit ist Bush vom Informationszugang um das dramatische Geschehen der Anschläge gänzlich abgeschnitten beziehungsweise zurückgezogen, abgesehen von Andrew Cards kurzer Bemerkung (siehe unter 9:05).[1]
Problempunkt: Bush erachtet es nicht für nötig, den Schulbesuch abzubrechen und sich um die Folgen der Anschläge zu kümmern beziehungsweise der Gefahr der vermissten Flugzeuge zu begegnen, vor allem auch angesichts der später gemachten (nicht zutreffenden) Aus-

sage, nur der Präsident könne den Befehl zum Abschuss eines Flugzeuges geben.[1] Auch eine Evakuierung der Schule, die durch ihre Nähe zum Flughafen ebenfalls Ziel eines unerwarteten Angriffs werden könnte, wird nicht in Erwägung gezogen.[2]

9:02:54 (nach seismographischen Aufzeichnungen; laut anderen Quellen 9:03, 9:02)[1] Flug 175 schlägt zwischen die 78. und die 84. Etage des Südturms ein. Das Flugzeug trifft fast in der rechten Ecke der Fassade auf[3, 6], wodurch

– ein großer Teil des Flugbenzins an der Fassade verbrennt[3, 6],

– der Schaden im Inneren des Gebäudes (verglichen mit dem Nordturm) nicht so sehr durch die Hitzeeinwirkung beim Brand, sondern mehr durch die Wucht der Explosion geschieht[3, 6],

– ein Angestellter der oberen Stockwerke (Brian Clark; vom 84. Stockwerk aus) durch das Treppenhaus in der Mitte der Etage an den Trümmern des Flugzeuges vorbei hinabsteigen kann, wobei er auf dem 81. Stockwerk (!!) einen weiteren Angestellten (S. Praimnath) befreit, dessen Ausweg versperrt ist.[7]

Kommentar: Dieser dramatische Einsatz (und Aufenthalt) über mehrere Minuten bezeugt, dass die Hitzeeinwirkung nur begrenzt war und deshalb die Stahlträger im Inneren des Gebäudes[3, 6] nur geringfügig beschädigt wurden. Andere Trage- beziehungsweise Halteelemente waren das Stahlgerüst und das 13 cm dicke Glas[8] an der Fassade sowie die Querverstrebungen und Stahlplatten im Fußboden[3, 8]. Trotz der leichteren Beschädigung des Südturms (verglichen mit dem Nordturm) stürzte dieses Gebäude aber als Erstes ein.

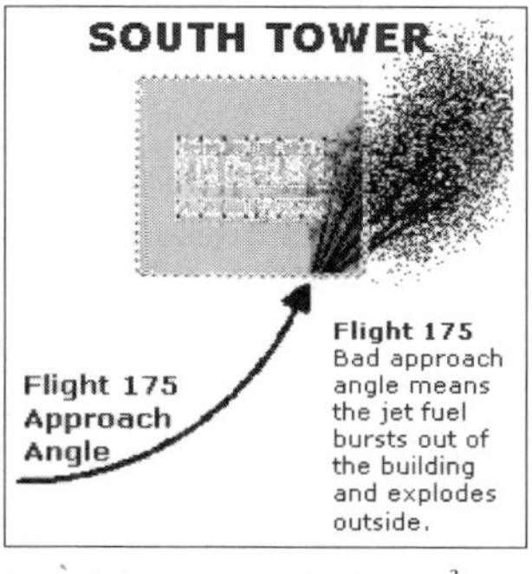

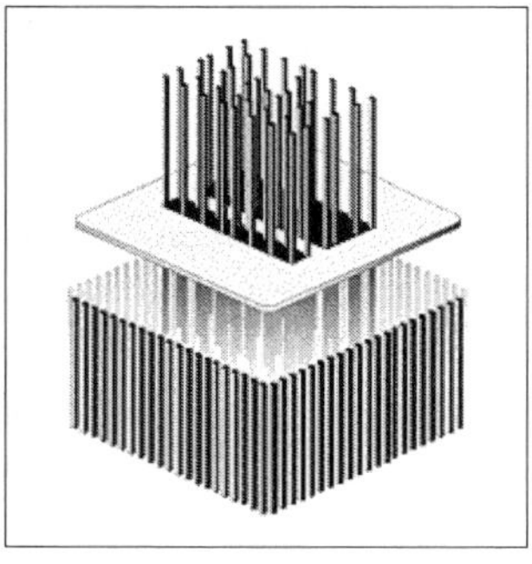

Einschlag in den Südturm[3]

9:05 (9:06; 9:04 in der Zeitleiste einer regierungsnahen Webseite[9])
Andrew Card tritt an den Präsidenten heran und flüstert ihm etwas ins Ohr. Gemäß späteren, zum Teil unterschiedlichen Aussagen von Card und Bush sagt Card: «Ein zweites Flugzeug hat das World Trade Center getroffen» (Card), «America is under attack» (Bush). Ari Fleischer, der inzwischen zurückgetretene Pressesprecher des Weißen Hauses, hält Bush ein Blatt entgegen mit der Anweisung: «Don´t say anything yet.» Ohne dass Bush eine Anweisung gibt, ohne dass Card eine solche erwartet, verlässt er den Raum und Bush verfolgt weiterhin den Unterricht.[1] Das fragwürdige Motiv, das auch von einigen Medien angeführt wird: Bush wollte die Kinder, die sich auf seinen Besuch so gefreut hatten, anscheinend nicht enttäuschen, nicht erschrecken.[1, 5]
Als weitere Begründungen werden angegeben, Bush habe zunächst an einen Unfall gedacht, er habe nicht unüberlegt handeln wollen und deshalb gewartet, bis eine umfassende Kenntnis der Sachlage um die Anschläge vorgelegen habe. Wenn man den ganzen Informationsdienst um den Staatschef berücksichtigt (neben den Geheimdienstbeamten, engen Mitarbeitern war im Klassenzimmer auch ein Beauftragter, Mitteilungen an den Präsidenten über Bushs Telefon zu empfangen und weiterzuleiten), wirkt Bushs Aussage, er habe zunächst an einen Unfall gedacht, völlig unglaubwürdig[1] (Siehe dazu auch Kommentar 9:29.)

Zwei zeitgleiche Aufnahmen von 9:03[1]

9:16 FAA (zivile Flugaufsicht) informiert NORAD, dass Flug 93 wahrscheinlich entführt ist.[1]
9:20 (9:26/9:49) Startverbot für Flugzeuge in den amerikanischen Flughäfen.[1]
9:22 Einige Quellen geben an, dass ein Kampfflugzeug in der Nähe von Flug 93 gesehen wurde[1]
9:24 (9:25) NORAD wird benachrichtigt, dass Flug 77 wahrscheinlich entführt ist und Richtung Washington fliegt.[1]
9:27 Nach Myers: NORAD beauftragt 2 F-16-Kampfflugzeuge der Langley Militärbasis Flug 77 abzufangen (Distanz Langley–Washington 129 Meilen; bei einer Geschwindigkeit von 1300 mph wären sie in 6 Minuten in Washington gewesen). 9:30 steigen die F-16 auf und waren zum Zeitpunkt des (angeblichen) Einschlags von Flug 77 im Pentagon noch 105 Meilen entfernt, was für diese Kampfflugzeuge eine extrem niedrige Durchschnittsgeschwindigkeit von 130 mph ergibt.[1]
Kommentar: Da ein Einsatz von Kampfflugzeugen bei dieser niedrigen Geschwindigkeit, vor allem angesichts der unmittelbar vorhergehenden Anschläge auf die Twin-Towers undenkbar ist, scheinen auch diese zeitlichen Angaben weniger auf einen notfallmäßigen militärischen Einsatz denn auf eine «ungeschickte» (unüberlegte) nachträgliche Konstruktion eines Einsatzes zu deuten, bei dem die Kampfflugzeuge zu spät kamen (siehe auch 8:46, 9:41). Dafür spricht auch, dass man (NORAD?, der Geheimdienst?) nicht die 10 Meilen vom Pentagon entfernt gelegene St.-Andrews-Militärbasis mit dieser wichtigen Aufgabe beauftragte. Von einem Flugzeug dieser Militärbasis hätte man ein Zu-spät-Kommen wohl nicht behaupten können.
9:29 (9:16, 9:25; nach ersten offiziellen Nachrichten über CNN sogar erst 9:30[5]) Bush verlässt das Klassenzimmer und spricht zu Journalisten von einer «apparent terrorist attack on our country».[1]
9:29 (9:16, 9:25) Ein (angebliches) Telefongespräch Bushs mit Sicherheitsberaterin Rice (findet eventuell auch erst nach seinem Fernsehauftritt statt), Gespräche mit seinen Mitarbeitern.[1]
9:29 (9:30) Im Fernsehen übertragene Rede Bushs mit Gedenkminute für die Opfer. Auch jetzt keine Anweisungen, um der Gefahr (zwei Flugzeuge, die von ihrem Kurs massiv abweichen) zu begegnen.[1]
Kommentar: Etwa ab Mitte 2003 erscheint auf einigen Zeitleisten der

Zeitraum von Bushs Besuch in der Klasse auf die Zeit von 9:03 bis 9:16 reduziert, dadurch soll einer möglichst umfassenden Besprechung des Präsidenten mit den Sicherheitskräften Raum gegeben und der Vorwurf von Bushs Passivität entkräftet werden, da er sehr wohl informiert wurde. Doch diese «Korrektur» vertieft recht besehen den Vorwurf der Passivität. Denn da der Geheimdienst ab 8:40 eine offene Linie zu den Bodenstationen eingerichtet hatte, wusste Bush nach einer umfassenden Rücksprache vor Betreten des Klassenzimmers nicht nur vom ersten Einschlag in den Nordturm, sondern wahrscheinlich auch vom zweiten in den Südturm (beziehungsweise dass ein weiteres vermisstes Flugzeug in den New Yorker Luftraum eingedrungen ist). Über die offene Linie hätte der Geheimdienst auch von dem seit 8:56 vermissten Flug 77 wissen und dies an Bush weiterleiten können. Maßnahmen hätten ergriffen werden müssen, um diesen unmittelbaren Bedrohungen zu begegnen. Nach dem Klassenbesuch hätte der Präsident als oberster Verantwortungsträger seit 9:16 vom wahrscheinlich entführten Flug 93 und (wegen der verzögerten Mitteilung) spätestens seit 9:24 vom vermissten Flug 77 wissen müssen. Zwei Flugzeuge stellten nach den ersten Anschlägen nun eine weitere unmittelbare Bedrohung dar. Da die Informationen im Falle von Flugzeugentführungen im NMCC im Pentagon zusammenlaufen, sollte von einer sofortigen Mitteilung an den obersten Entscheidungsträger ausgegangen werden können, wenn wegen der brisanten Lage Maßnahmen sofort ergriffen werden müssen. Der Klassenbesuch, die Rücksprachen mit dem Sicherheitsapparat, ohne konkrete Maßnahmen zu treffen beziehungsweise zu veranlassen, die Äußerung zu Journalisten und die anschließende Fernsehansprache erscheinen vor diesem Hintergrund der verstreichenden Zeit als in höchstem Maße verantwortungslos und fahrlässig. Bushs Verhalten insgesamt wirkt verlogen, sein Gesichtsausdruck auf Fotos kann Schuldgefühle nicht verbergen.[10]

9:30 (9:40) Transponder- und Radarkontakt zu Flug 93 bricht ab.[1]

9:32 Geheimdienstagenten bringen Vizepräsident Cheney notfallmäßig aus seinem Büro im Weißen Haus in den Sicherheitsraum eines unterirdischen Bunkers.[1]

Kommentar: Warum wird nicht auch Präsident Bush (und die Schüler!) in Sicherheit gebracht?[1]

9:32 Flug 77 macht eine plötzliche Wendung über Washington in Richtung Pentagon und sinkt sehr schnell von einer Höhe von etwa 7000 Fuß auf Bodenhöhe, wodurch er sich dem Radar entzieht.[1] Während 37 Minuten kreuzte dieses Flugzeug unbemerkt durch den amerikanischen Luftraum in Richtung Washington. Das Pentagon wurde nicht gewarnt, der nahegelegene mit der Verteidigung der US-Hauptstadt beauftragte St.-Andrews-Militärflughafen (etwa zehn Meilen Distanz zum Pentagon, zu diesem Zeitpunkt sind dort mehrere Staffeln Abfangjäger beziehungsweise Jagdflugzeuge vom Typ F-18 stationiert[2]) schickt keine Abfangjäger. (Siehe Kommentar 9:41.)

9:36 (9:35) Flug 93 wendet Richtung Washington.[1]

9:41 (9:38 – 9:43 / 9:45) Flug 77 schlägt (auf der Höhe des Erdgeschosses) in einen in Renovation befindlichen Trakt des Pentagons ein.[1]

Austrittsloch des Flugobjekts am Pentagon[11]

Kommentar: Das Flugzeug trifft diagonal auf die Fassade und durchschlägt drei hintereinander liegende Gebäude[11] (das heißt sechs Außenmauern, die in diesem Gebäude von einer stabileren Konstruktion sein sollten als bei anderen Gebäuden), was verglichen mit dem Einschlag am Südturm des WTC von einer stärkeren Durchschlagskraft zeugt. Diese Durchschlagskraft beschränkt sich aber auf den Rumpfteil des Flugobjektes. Schon dieser Aspekt erweckt Zweifel an den offiziellen Erklärungen: Handelt es sich dabei wirklich um Flug 77 oder um eine andere Art Flugobjekt? Die tiefgehenden Untersuchungen von Thierry Meyssan[11] und Eric Hufschmid[3] weisen deutlich auf eine andere Art Flugobjekt hin. Hier seien nur einige weitere Details hervorgehoben: Bei der Bauart eines Großraumflugzeuges (bei der Boeing 757 beträgt die Höhe vom unteren Teil der Turbine bis zur Oberseite des Rumpfes 5,5 Meter) hätte der Einschlag immer zwei Stockwerke erfasst. Um nur im Erdgeschoss einzuschlagen, hätten das Flugzeug 1 bis 2 Meter tief im Boden schleifen müssen.

American Airlines Flug 77, eine Boeing 757[1]

Doch Fotos zeigen, dass der Boden nicht einmal berührt wurde.[3] Weder wurden eindeutige Trümmerteile eines Großraumflugzeuges noch die Leichen der Flugzeuginssasen im Pentagon gefunden, diese wurden aber sehr wohl später im Leichenschauhaus abgeliefert.[3] Die Größe der einzigen gefundenen Turbine weist auf eine Drohne hin, was auch das für ein Großraumflugzeug äußerst komplizierte Flugmanöver eines unerfahrenen Piloten auf Bodenhöhe erklären würde.[3] Die Frage stellt sich: was geschah mit Flug 77?

Von Boeing 757 (Umrisslinie) unberührt gebliebener Rasen[3]

9:41 (andere Quellen etwas später) Bush erreicht den Sarasota-Flughafen und das Präsidentenflugzeug Airforce One.[1]
Wenige Minuten nach dem Anschlag auf das Pentagon steigen auf Anweisungen des Geheimdienstes Abfangjäger vom St.-Andrews-Militärflughafen auf und bilden eine schützende Decke über Washington.
Kommentar: Warum sind sie nicht früher aufgestiegen?[1]
Warum gab der Geheimdienst , der schon seit 8:40 über die eingerichtete offene Linie über die Flugbewegungen informiert war, nicht schon vorher den Befehl? Bis 9:30 hätte ein solcher den Angriff von Flug 77 (in der offiziellen Sichtweise) gestoppt.
9:45 Das Weiße Haus wird evakuiert.[1]
9:48 Das Capitol wird evakuiert.[1]
9:55 (9:57) Bush verlässt den Sarasota-Flughafen in seiner Maschine.[1]
9:55–11:55 Air Force One kreist im amerikanischen Luftraum, mehrmals die Richtung wechselnd. Ein direkter Flug nach Washington scheint unsicher, da das Flugzeug unbegleitet fliegt. Die Frage drängt sich auf: Können Militärflugzeuge Air Force One nicht begleiten und diese Sicherheit garantieren? [1]
Kommentar: Während dieses Fluges werden die Anschläge (vielleicht erstmals) mit dem scheinbar überraschenden Überfall der Japaner auf Pearl Harbor (am 7. Dezember 1941) in Verbindung gebracht. Der später von verschiedenen Politikern (zum Beispiel von Zbigniew Brzezinski) mehrfach wiederholte Vergleich sollte die patriotischen Gefühle der amerikanischen Bevölkerung aufstacheln. Dieser Vergleich verdient höchste Beachtung, da Washington im Voraus von dem provozierten japanischen Angriff wusste und die Befehlshaber des Stützpunkts in Pearl Harbor nicht entsprechend warnte. Nach diesem scheinbar überraschenden Anschlag fand Roosevelt die Unterstützung im Kongress und in der amerikanischen Bevölkerung für einen Einritt der USA in den Zweiten Weltkrieg.[12]
9:59:04 (nach seismographischen Aufzeichnungen) fällt der Südturm (sechsundfünfzig Minuten nach dem Einschlag) gleichmäßig in sich zusammen[1], wie es sonst nur bei einer «controlled demolition» (einem kontrollierten Gebäudeabbruch) der Fall ist.
Kommentar: Da die Trägersysteme nur an einer Ecke beschädigt wurden, wäre ein seitliches Kippen des oberen Teiles (angesichts einer zu

starken Belastung der Trägersysteme durch das Gewicht der oberen Stockwerke) wahrscheinlicher gewesen. Ebenfalls überrascht, dass der Südturm als Erster zusammenbricht, obwohl er durch den Einschlag leichter beschädigt und etwa siebzehn Minuten später getroffen wurde. Diese Gründe weisen auf eine Benützung von Sprengstoff im Inneren des Gebäudes hin.[3, 13] (Siehe auch 10:28:38.)

10:06 stürzt Flug 93 ab. Das Flugzeug ist vollständig zerstört. Ein Maschinenteil von einer halben Tonne wird über eine Meile vom Absturzort entfernt gefunden. Verschiedene Augenzeugen berichten von einem Militärflugzeug, das in unmittelbarer Nähe gesehen worden sei.[1]

10:10 Der getroffene Trakt des Pentagons bricht in sich zusammen.[1]

10:28:31 (nach seismographischen Aufzeichnungen) bricht der Nordturm (eine Stunde und zweiundvierzig Minuten nach dem Einschlag) ebenfalls gleichmäßig in sich zusammen.[1]

Kommentar: Da noch fünf Tage nach dem Zusammenbruch der Türme an vielen Orten der Trümmeroberflächen, trotz Abspritzen derselben mit Kühlwasser, Temperaturen von 500° bis sogar über 700° Celsius gemessen wurden, die, wie auch die Beschädigung der äußerst stabilen Stahlträger in den Türmen, nicht auf den Brand zurückgeführt werden können, wohl aber durch Explosionen einer «controlled demolition» erklärt werden könnten,[3] weisen die Fakten deutlich auf den Einsatz von Sprengstoff für einen kontrollierten Abriss hin.

19:00 (etwa) Bush und Powell (Letzterer kehrt aus Lima, Peru, zurück) erreichen das Weiße Haus.[1]

20:30 Bush wendet sich in einer über das Fernsehen übertragenen Rede an die amerikanische Nation.[1]

José García Morales

---

1 http://cooperativeresearch.org/completetimeline/
«Part 3: Day of 9-11, minute-by-minute.» Angaben zu Bush auch unter http://www.cooperativeresearch.org/timeline/main/essayaninteresting-day.html «An Interesting Day: Bush´s Movements and Actions on 9/11.»

2 http://emperors-clothes.com/indict/indict-3.html
Illarion Bykov und Jared Israel, *Guilty for 9-11: Bush, Rumsfeld, Myers, Bush in the Booker School* (Video).

3 Eric Hufschmid, *Painfull Questions*, deutsche Version: *Schmerzhafte Fragen, eine Analyse der Attacke des 11. Septembers*. Zu bestellen bei www.PainfullQuestions.de

4 The Failure to Defend the Skies on 9-11.htm bei: http://cooperativeresearch.org/completetimeline/

5 http://www.communitycurrency.org/MainIndexMX.html
Sept. 11, Unanswered Questions by Malcontent X, Part 1A Bush.

6 http://serendipity.magnet.ch/home.html

7 Stefan Aust, Cordt Schnibben (Hg.), *11. September, Geschichte eines Terrorangriffs*; Spiegel Buchverlag, Hamburg 2002.

8 Andreas von Bülow, *Die CIA und der 11. September*, Internationaler Terror und die Rolle der Geheimdienste.

9 http://www.september11news.com/PresidentBush.htm

10 http://www.medienanalyse-international.de/ueberblick.html
Medienanalyse, Überblick dort: 3 Sekunden. Fotos von Bush in Sarasota nach der Mitteilung durch Andrew Card.

11 Thierry Meyssan, *Le Pentagate*, Chatou 2002; Deutsch unter dem Titel: *11. September. Der inszenierte Terrorismus – Auftakt zum Weltenbrand?* Kein Flugzeug traf das Pentagon. Editio de facto.
Siehe auch www.carnot.fr

12 Siehe dazu die Artikel von T. Meyer auf S. 33ff., S. 57ff.; ferner: George Morgenstern: *Pearl Harbor 1941, eine amerikanische Katastrophe* (deutsch von Walter Post), München 2000.

13 Siehe dazu www.bombsinsidewtc.dk

Namenregister

A

B

C

Sachregister

V

W

AUS DEM PERSEUS VERLAG BASEL

Jacob Ruchti/
Helmuth von Moltke:

Der Ausbruch des Ersten Weltkrieges

Zwei vergessene zentrale Schriften zum Verständnis der Vorgänge bei Kriegsausbruch 1914 und der Haltung Rudolf Steiners

Ruchtis und Moltkes Darstellungen des Kriegsausbruchs bringen Sachverhalte ans Licht, deren Ignorierung zum Kampf gegen eine selbständige europäische Mitte gehört. «Die Geschichte lässt sich auf die Dauer nicht fälschen, die Legende vermag vor der wissenschaftlichen Forschung nicht standzuhalten, das dunkle Gewebe wird ans Licht gebracht und zerrissen, auch wenn es noch so kunstvoll und fein gesponnen war.» (Jacob Ruchti)
Mit einer Einleitung von *Andreas Bracher.*

Neuauflage, 131 S., brosch., Fr. 27.– / € 16.–
ISBN 3-907564-51-0

Alle Bücher im Buchhandel!

Aktuelle Informationen (Erscheinungstermine usw.) entnehmen Sie bitte der Zeitschrift *Der Europäer* oder den Internet-Seiten des Perseus Verlags Basel unter **www.perseus.ch**.

AUS DEM PERSEUS VERLAG BASEL

Andreas Bracher:

Europa im amerikanischen Weltsystem

Bruchstücke zu einer ungeschriebenen Geschichte des 20. Jahrhunderts

Aus dem Inhalt:
Das anglophile Netzwerk – Carroll Quigleys Enthüllungen zur angloamerikanischen Politik / «Schädel und Knochen» an der Wall Street – Anthony C. Sutton und die Hintergründe der amerikanischen Weltpolitik im 20. Jahrhundert / Jean Monnet – «Vater eines vereinten Europa» / Nationalsozialismus, Antifaschismus und Anthroposophie – Scheinbare Ähnlichkeiten, wirkliche Gegensätze / «Auschwitz» als negativer Glaube / Menschenrechte und ihre Propagierung / usw.

2. Auflage, 85 S., brosch., Fr. 34.– / € 19.80
ISBN 3-907564-50-2

Alle Bücher im Buchhandel!

Aktuelle Informationen (Erscheinungstermine usw.) entnehmen Sie bitte der Zeitschrift *Der Europäer* oder den Internet-Seiten des Perseus Verlags Basel unter **www.perseus.ch**.